介護職員初任者研修テキスト

第3分冊
老化・認知症・障害の理解

第6章　老化の理解

第7章　認知症の理解

第8章　障害の理解

公益財団法人 介護労働安定センター

このテキストで学習する方のために

１．はじめに

　わが国は、世界のどこの国も経験したことのない高齢社会に向かっています。このような社会的背景から介護サービスを必要とする人の増加が見込まれ、また介護サービスへのニーズも認知症ケア、医療的ケア、介護予防の推進など多様化・専門化してきています。このため、介護に関する高度な専門性を有する人材育成が急務となっています。

　本テキストは、２０１３年度からスタートした初任者研修のために編集したもので、指導要領に即した構成となっております。介護の専門家を目指す皆様が、初任者研修で介護の基本的な知識を学び、将来は、より高度な知識・技術を習得し、質の高い介護サービスを提供できる専門家として福祉の担い手とられることを願ってやみません。

公益財団法人　介護労働安定センター

２．作成の基本理念

(1)　在宅、施設の双方に共有できるような知識や介護技術を学べる内容としました。

(2)　介護分野に携わる人が初めて学ぶテキストとして、わかりやすく理解しやすくなるように、イラスト・図表・写真を配置しました。

(3)　「事例から考える」という観点で展開例を取り入れ、介護技術を実践的に学べるような内容としました。

(4)　学んだことを自己学習を通して整理できるように、各章の末尾に〇×解答形式の「理解度確認テスト」を設けました。（「第１章」「第１０章」には設けておりません。）

(5)　継続的に学習する上で重要な事項を整理できるように、単元の末尾に「今後の学習のためのキーワード」を設けました。

(6)　厚生労働省の「介護員養成研修の取扱細則(介護職員初任者研修関係)」に則した内容・構成としました。（平成２４年３月２８日 厚生労働省老健局振興課通知）

(7)　「障害」を表現する用語として、「障がい・障碍」を用いる場合がありますが、本書では、法令との整合性を図る観点から「障害」を用語として用いることとしました。

３．その他

　今後、介護保険法の改正等の内容を含む補てん・追記があれば、（公財）介護労働安定センター　ホームページ（http://www.kaigo-center.or.jp）に随時掲載いたします。

４．介護職員初任者研修テキスト編集委員会委員（５０音順）

　　委員・・・・是枝祥子（大妻女子大学名誉教授）
　　委員・・・・鈴木眞理子（社会福祉法人奉優会理事）
　　委員・・・・髙橋龍太郎（元東京都健康長寿医療センター研究所副所長）
　　事務局・・・（公財）介護労働安定センター　能力開発課

第6章
老化の理解

1　老年期の発達と心身の変化の特徴

老年期の発達の特性を理解し、心身がどのように変化していくのかを知ることは、高齢者の人格を尊重し、いつまでも尊厳を保持できるように支援するためにとても重要です。
ここでは、
① 加齢と老化の概念
② 人格と尊厳
③ 老いの価値
④ 性役割と老年期の性
について理解してください。

I　加齢と老化の概念

　加齢と老化は、しばしば混同して使われる概念です。

　加齢とは、人間が生まれてから死ぬまでの物理的な時間経過のことを指します。老年期などの特定の一時期に限られた概念ではありません。つまり、子どもから成人に至るまでの時間経過も、加齢の一端であるといえます。また、加齢に伴う個体の発達変化のことを、加齢変化といいます。

　一方、老化とは、成熟期以降にみられる心身の衰退的変化のことを指します。例えば、筋力、神経伝達速度、免疫機能などの、身体的・生理的機能の不可逆的な低下を含めた概念です。そのため、「加齢」に比べて「老化」という場合は、より否定的な意味合いやマイナスなイメージで捉えられがちです。

　しかし、老化には個人差があり、心身機能の衰えは一様ではありません。年齢を重ねているからといって、必ずしも一定の老化が進んでいるわけではないことに留意する必要があります。

1　いろいろな老化学説

　老化のメカニズムには、さまざまな要因が複雑に関係していると考えられていますが、現在でもまだ完全には解明されていません。ここではいくつかの学説を紹介します。

(1)　遺伝子プログラム説

　老化や寿命は、あらかじめDNAの中ですべてがプログラムされているとする説。ただし、成長する過程における個々の経験、生活状態などの環境によっても影響を受けると考えられています。

(2)　消耗説

　　毎日普通に生きているだけでも身体の器官や細胞は消耗し、年をとるほど老化していくとする説。

(3)　体細胞分裂寿命説

　　体細胞は新陳代謝により分裂を繰り返していますが、それには限界があり、その限界が寿命を規定しているとする説。ヒトの細胞の分裂回数の限界は約50回で、これは発見者レオナルド・ヘイフリックに因んで「ヘイフリック限界」と呼ばれています。

(4)　遺伝子修復エラー説

　　遺伝子が複製される際になんらかのエラーが生じ、それを修復できずにさらに複製を繰り返すことによって老化が進むとする説。

(5)　フリーラジカル説

　　体内で発生した活性酸素がDNAや細胞組織を傷つけ、身体が酸化することにより老化が進むとする説。

　　ところで、近年の研究により、老化には、カロリー制限により活性化するサーチュインと呼ばれる長寿遺伝子が関係していることがわかってきました。

2　高齢者の定義

　　日本では一般的に、65歳以上が高齢者とされています。また、65～74歳を前期高齢者、75歳以上を後期高齢者と分類しています。なお、高年齢者等の雇用の安定等に関する法律（高年齢者雇用安定法）では、55歳以上の者を「高年齢者」としています。

※2017年1月に日本老年学会・日本老年医学会は、医療の進歩や生活環境の改善をふまえ、現在は65歳以上とされている高齢者の定義を医学的な見地から見直し、65～74歳を「准高齢者」、75～89歳を「高齢者」、90歳以上を「超高齢者」と区分することを提言しました。

3　喪失体験

　　老年期になると、さまざまな「喪失」を経験します。老年期における喪失としては、①加齢に伴う「身体機能の低下と自信の喪失」、②定年退職などに伴う「社会的役割の喪失」、③配偶者との死別などによる「家族等とのつながりの喪失」などがあります。

　　介護者には、高齢者の喪失体験に思いをはせることや、高齢者が負担に感じないように支援することが求められます。また、定年後に地域のボランティアや自治会役員等の活動を始めたり、孫育てを手伝ったりすることにより、老年期に新たな役割を獲得することもあります。「喪失」体験を消極的に捉えるばかりではなく、喪失することによって「獲得」できたものにも着目することが大切です。

(1)　身体機能の低下と自信の喪失

　　老化に伴い、筋力や免疫力は徐々に減退していきますので、怪我をしやすく、病気にかかりやすくなります。また、視力や聴力の低下は、生活にも支障を及ぼします。周囲の人の手助けが必要になることから、このような身体機能の低下が、自信の喪失や生活上の不安につながる場合があります。

（2）　社会的役割の喪失

　　定年退職すると、仕事を中心に築いてきた社会的地位を失います。また、子どもが独立することによって、親としての役割を失う場合もあります。

（3）　家族等とのつながりの喪失

　　配偶者との死別は、最も大きなストレスになるとされています。家族や友人との死別は、思い出の共有者を失うことにもつながります。

4　防衛機制

　老年期になると、身体機能の低下などによって、日常生活動作（ADL）が思うようにできなくなることが多くなります。さまざまな制限によって自分の欲求が満たされないと、欲求不満を感じます。この欲求不満を緩和して、無意識のうちに安心感や満足感を得るための働きを、防衛機制（適応機制）といいます。代表的な防衛機制は、図表1—1のとおりです。

　介護者には、高齢者の生活上の問題が、どのような欲求を阻害しているかを考えながら支援することが求められます。

図表1—1　主な防衛機制

攻　撃	物や他者に対して、感情をぶつけたり、乱暴したりする。自分への攻撃（自傷）に向かう場合もある。
逃　避	困難な場面や状況から逃げ出したり、ほかのことに熱中して目の前の問題に向き合うのを避けたりする。
退　行	年齢より未熟な行動をとるなど、楽しかった過去に逃避する。
拒　否	課題となっている事実が存在しないかのように振る舞う。
抑　圧	過去の不快な記憶が圧迫されて、楽しいことばかりを思い出す。
合理化	失敗や欠点にもっともらしい理由をつけて正当化する。
同一化	心理的に自分に近い他人の行動を、あたかも自分のことのように思い込む。
代　償	本来の目標が達成できそうにない場合に、容易に達成できる目標に変更して満足しようとする。
隔　離	自分の問題であっても感情を切り離し、客観的に取り扱う。
昇　華	性的願望などの社会的に認められない欲求を、スポーツや芸術などに打ち込むことに置き換えて満たそうとする。
投　影	自分の欲求を自分で認めたくない場合などに、他者にその欲求があると考える。
反動形成	自分の感情と正反対の行動をとる。
補　償	身体的・精神的な劣等感を、他の能力を高めることで補う。

Ⅱ　人格と尊厳

1　人格とは

　「人格」は、「パーソナリティー」ともいわれ、人間の成長とともに社会の中で培われ備わる個人の特性のことです。よく似た言葉に「性格」がありますが、性格はどちらかというと

生得的で内面的な感情や意志表出の傾向のことをいいます。人格は性格に比べて包括的な概念だといえるでしょう。「年をとって頑固になった」等という場合がありますが、これは元来の頑固な性格が年をとってさらに頑固になるもので、「性格の先鋭化」と呼ばれます。一方、人格はほとんど変化しないと考えられています。

2　「尊厳の保持」と法律

　社会福祉法第3条には「福祉サービスは、個人の尊厳の保持を旨とし、その内容は、福祉サービスの利用者が心身ともに健やかに育成され、又はその有する能力に応じ自立した日常生活を営むことができるように支援するものとして、良質かつ適切なものでなければならない」とあります。

　また、2006（平成18）年には介護保険法が改正され、第1条に「尊厳の保持」が明確に規定されました。具体的には「この法律は、加齢に伴って生ずる心身の変化に起因する疾病等により要介護状態となり、入浴、排せつ、食事等の介護、機能訓練並びに看護及び療養上の管理その他の医療を要する者等について、これらの者が尊厳を保持し、（後略）」と規定されています。

　このように、「尊厳の保持」は法律の中でも謳われています。要介護状態となった場合でも、努めて尊厳を保持する必要があるのです。

3　高齢者の尊厳

　尊厳とは「自分あるいは他者が、一人の人格を持った人間として存在していることの価値を認める肯定的な人間観」であるといえるでしょう。

Ⅲ　老いの価値

　70歳を古稀といい、長寿を祝う風習があります。これは「人生七十古来稀なり」という唐代の詩人杜甫の詩に由来しています。人生50年といわれた時代には、70歳を迎えることのできた人は、本当に稀であったことでしょう。長寿であることは、人生を生き延びる智恵に長け、豊富な経験を有している証でした。そのため、長寿者は尊敬の対象であったと考えられます。

　さて、ここでは老年期をあえて「長寿」と表現しました。老年期あるいは高齢期の肯定的な側面が「長寿」だとすれば、否定的な側面を表す言葉が「老い」です。「老い」という言葉には、衰えていくような負のイメージがありますが、「老練」、「老成」、「老舗」等のように、老いを肯定的に捉えている言葉も多く存在します。

　以前、高齢の祖父母を対象とした孫に関する意識調査を実施したところ、調査票の「お孫さんに現在どのような世話をしていますか」との質問項目に対し、「老いを見せている」と答えた人がいました。自らの老いを孫に見せ、孫に何かを伝えようとしているのです。老いているからこその価値を見極める見識を、老いを知らぬ者が持つことができるでしょうか。私たちは「老い」の価値を、もう少し肯定的に考えなければなりません。また、社会経済的

な指標のみで老いの価値は決められないことを、よく認識しておく必要があります。

Ⅳ 性役割と老年期の性

1 性役割に対する価値観

　男女の性別によって異なり、それぞれに期待されている役割を「性役割」といいます。通常、性役割は普遍的ではなく、社会的・文化的な要因、また、時代や地域の影響により変化します。例えば、「男は仕事、女は家庭」という性役割は、すべての人が共有しているわけではありません。その人が生まれたのが戦前なのか、それとも戦後なのか、日本で育ったのか、それとも海外なのか等によってかなり違います。また、時代や地域が同じでも、それぞれの性格や育った環境によっても違うでしょう。

　性役割に対するこのような価値観は、世代間のギャップとして現れます。高齢者が生きてきた時代を尊重し、理解しようとすることはとても大事です。それは相手の人格を尊重することにつながります。

2 老年期の性

　老年期になると異性への関心がなくなると考える人も多いのですが、必ずしもそうとはいえません。「いい年をして」と他者から思われたり、家族から叱責されたりすることをはばかって、異性に対する興味を表出することができない場合もあります。高齢者になったからといって、急に性欲がなくなるわけでもないのです。もちろん、異性への関心や性欲には個人差がありますし、身体的・生理的機能の低下も大きく影響しますので、実際に興味や関心がなくなる人もいるでしょう。大切なことは、高齢者とはこういうものだとか、こうあるべきだというようなステレオタイプ（紋切り型）な見方をしないことです。また、「年寄りなのに」などと偏見を持ってはいけません。

　老年期の性は、これまであまり語られることがありませんでした。しかし、恋愛感情や性行動は、むしろ人としての自然な姿であるといえるでしょう。人生に潤いを与え、生きる意欲を高めるという意味でも、否定的に捉えることのないように配慮する必要があります。

今後の学習のための キーワード

◎加齢　◎老化　◎老化学説　◎前期高齢者
◎後期高齢者　◎人格　◎尊厳の保持　◎長寿
◎老い　◎性役割　◎老年期の性

（執筆：永嶋昌樹）

2　心身の機能の変化と日常生活への影響

学習の手引き

　老化とは、心身の機能があるレベルに成熟した後に起こる生理的な衰退のことを意味しており、誰にでも生じてきますが、老化のスピードは同じ年齢であっても個人差が大きいことが特徴です。
　老化に伴う変化については、自分を取り巻く周囲の人の様子などから常識的に認識していることも多いと思われますが、個人差が大きいことから一人ひとりに応じた評価や対応を行う必要があります。
　ここでは、
　①　老化に伴う心身の機能の変化
　②　身体的変化
　③　心理的変化
について理解してください。

解説

Ⅰ　老化に伴う心身の機能の変化

　老化がいつから始まるのかは個人差もあり明確には答えられません。細胞レベルでは、機能が低下した細胞は、随時新しい細胞に置き換わる新陳代謝を繰り返しています。一般的に、細胞の変化に対して新生・補充が追いつかずに、目に見える形で機能低下をきたした状態が「老化」と考えられており、人によっては40歳程度から自覚することもあります。
　一方、その人の年齢だけでは心身機能や老化の程度を推し量ることはできず、高齢であっても外見が若々しい人や登山やスポーツなどに挑戦している人もいます。老化に伴う変化については、一人ひとりに応じた評価や対応を行う必要がありますが、大きくは身体的な変化と精神・心理的な変化に分けて考えるとよいでしょう。
　では、加齢による生理的な変化にはどのようなものがあるでしょうか。（図表1－2）一般的に、身体は一つの臓器が低下すると、他の臓器がそれを補って働き、その恒常性（ホメオスターシス）を保っています。しかし、高齢になるとこの恒常性を維持する機能が低下してきます。また、加齢とともに生理的に動脈が硬くなる現象「動脈硬化」が起こります。
　近年、老年医学ではフレイルという概念が普及してきました。フレイルとは、健康と要介護（サポートが必要な状態）の中間の状態であり、早期に適切に介入すれば生活機能の維持向上が図れる状態のことです。高齢者の心身の維持向上が見込める時期に、老化への対応をしていくことは健康寿命を延ばしていくためにも非常に重要です。

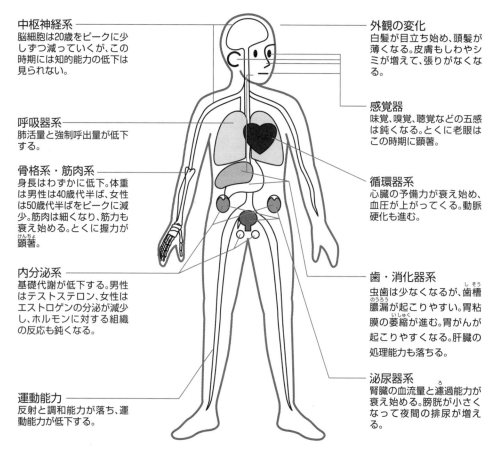

図表1－2　老化の始まり（40～50歳代にかけての身体の変化）

中枢神経系
脳細胞は20歳をピークに少しずつ減っていくが、この時期には知的能力の低下は見られない。

呼吸器系
肺活量と強制呼出量が低下する。

骨格系・筋肉系
身長はわずかに低下。体重は男性は40歳代半ば、女性は50歳代半ばをピークに減少。筋肉は細くなり、筋力も衰え始める。とくに握力が顕著。

内分泌系
基礎代謝が低下する。男性はテストステロン、女性はエストロゲンの分泌が減少し、ホルモンに対する組織の反応も鈍くなる。

運動能力
反射と調和能力が落ち、運動能力が低下する。

外観の変化
白髪が目立ち始め、頭髪が薄くなる。皮膚もしわやシミが増えて、張りがなくなる。

感覚器
味覚、嗅覚、聴覚などの五感は鈍くなる。とくに老眼はこの時期に顕著。

循環器系
心臓の予備力が衰え始め、血圧が上がってくる。動脈硬化も進む。

歯・消化器系
虫歯は少なくなるが、歯槽膿漏が起こりやすい。胃粘膜の萎縮が進む。胃がんが起こりやすくなる。肝臓の処理能力も落ちる。

泌尿器系
腎臓の血流量と濾過能力が衰え始める。膀胱が小さくなって夜間の排尿が増える。

出所：柴田博：身体機能の老化，島薗安雄・保崎秀夫等編「図説臨床精神医学講座7　老年精神医学」メジカルビュー社，p63，1987　一部改変

II　身体的変化

1　外観・外皮系

(1)　姿勢・歩行

　姿勢全体としては、とくに胸椎の部分の後わんが強くなり背中が丸まってきます（図表1－3）。最近では、姿勢の良い高齢者も増えており、姿勢の変化も個人差がありますが、円背があると視線が下向きになって前方が見にくく、無理して顔を上げると膝などを曲げなければ立っていられません。このような状態で歩行するのは危険があります。また、高齢者は、下肢の筋力が低下することもあり、歩幅が狭くなり小刻みに歩くことが多くなります。さらに、足をあまり上げずに振り出すため、足を引きずるような歩行になることも多く、物に引っかかってつまずく原因となります（図表1－4）。座っているときも、円背があると背もたれに十分に寄りかかることができず不安定になります。

図表1－3　円背

(2) 皮膚

しわやシミ（老人性色素斑）が増える、乾燥する、皮下組織が減って弾力性・柔軟性がなくなるといった変化がみられ、また、かゆみが生じやすくなったり、傷つきやすくなったりします。皮膚の老化の予防はなかなか難しいですが、紫外線をできるだけ避けるために直射日光に長時間当たらないようにすることや日焼け止めの使用、栄養のバランスに配慮することなどが考えられます。また、皮膚の潤いを保つことも重要であり、保湿剤などを塗って手入れをします。傷ができると治りにくいケースも多いため、介護や介助を行う際には適切に対応する必要があります。とくに、糖尿病の合併による壊疽や運動障害などがある場合の褥瘡には注意が必要です。

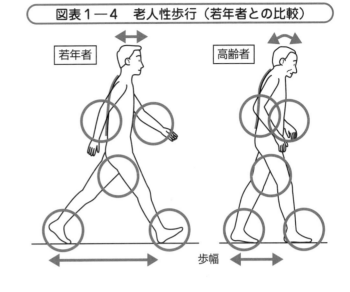

図表1―4　老人性歩行（若年者との比較）

若年者 ／ 高齢者

歩幅

(3) 毛髪

最近、加齢に伴う薄毛や脱毛の原因は、毛髪を作る細胞が老化して髪の寿命が短くなり、フケや垢とともに皮膚表面から脱落していくことによるものであることがわかってきました。また、色素細胞の働きが弱まることによって白髪が増えることも、高齢者の外観の特徴としてよく知られているものです。

若い人であっても、1日におよそ100本程度の毛髪が自然に抜け落ちているといわれるので、脱毛そのものは異常なことではありません。しかし、薄毛や抜け毛は加齢とともに進行していき、過度のアルコールや喫煙、ストレスなどが影響を与えるといわれています。予防のためには、頭皮を常に清潔に保つことや頭皮のマッサージも大切です。

2　骨格系

(1) 骨粗鬆症

高齢になると、骨量が低下して骨が薄くもろくなり、骨折しやすくなります（骨粗鬆症）（図表1―5）。前述の円背は、背骨（脊椎）が骨粗鬆症のためにもろくなって、つぶれてしまうことによって生じることも少なくありません。その他、骨粗鬆症に伴う骨折が起きやすい部位があります（図表1―6）。骨も常に古いものは破壊され（骨吸収）、新しい骨が作られて（骨形成）いますので、全体の量はそれほど急激には変化しません。生理現象として、骨量は18～20歳くらいをピークとして、加齢とともに徐々に減っていきます。

図表1―5　背骨の縦断面

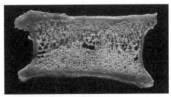 

正常な背骨の縦断面　　　骨粗鬆症の背骨の縦断面

資料提供：井上哲郎　浜松医科大学名誉教授

骨粗 鬆 症の原因としては、もともと男性より女性のほうが骨量が少ないこと、とくに高齢女性は閉経によって女性ホルモンの分泌量が減ること、運動不足、過度のアルコール摂取、喫煙、栄養不足（ビタミンD、カルシウム、タンパク質などの不足）などが関係しているといわれています。近年新しい薬剤も開発されてきましたが、薬剤だけでは骨折を完全に防ぐことは困難です。骨折は、高齢者のQOLを損なうものであり、骨形成を促すために適切な栄養摂取や運動、日光浴を行いながら、できる限り骨粗 鬆 症の予防をすることが重要です。

(2)　変形性関節 症

関節には、滑らかに曲げたり伸ばしたり回したりするために、関節表面に関節軟骨＊があります。関節症では機械的な刺激などによって、軟骨の変性やすり減りが生じ、また関節周囲を取り囲む滑膜の炎症も併発してきます。このような変化が起こることによって、関節の痛みが生じたり、変形したりして、関節可動域（関節の動く範囲）の低下や歩行困難などが生じます。

変形性関節症はあらゆる関節で起こり得ますが、高齢女性に多いのが膝関節です。とくに日本人では膝関節の内側の軟骨がすり減ることによって膝の内側がつぶれてしまうO脚変化をきたす例が少なくありません（図表1−7）。生活上の留意点として、大腿部の筋力を鍛えることや、肥満傾向のある人は体重を減らすことが重要です。

＊関節軟骨・・・骨どうしが接触するときの衝撃を緩和する働きをする。

図表1−6　骨粗鬆症に伴う骨折の好発部位

③上腕骨近位端
④脊椎（下部胸椎〜上部腰椎）
②橈骨遠位端
①大腿骨頸部

図表1−7　変形性膝関節症のO脚変化

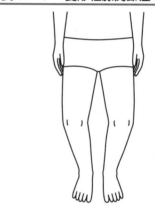

3　筋肉系

加齢によって筋力が低下していくことも実感しやすく、わかりやすい変化です。筋力は筋肉の断面積にほぼ比例するため、筋力が低下するということは筋肉が細くなる（筋萎縮）ことと同じです。個人差はありますが、加齢とともに筋肉量は減少し、65歳以上ではさらに減少の速度が速くなるといわれています。

高齢になると社会参加の頻度や範囲が減少し、活動量が少なくなります。そうすると、体力の低下をきたし、さらに活動量が減っていくという悪循環に陥ってしまいます。さらに筋肉量は減り、筋力の衰えをもたらす一方となり、歩行機能などを低下させます。

しかしながら、高齢であっても筋力トレーニング・負荷をかける運動を継続して実施し、適切に鍛えることができれば、筋力・体力の低下を防いでいくことが可能になります。日頃

からどのような活動をしていくのかが重要です。

4　脳・神経・感覚器系

(1)　脳・神経系

　加齢によって、物覚えが悪くなる、集中力がなくなる、素早い反応ができなくなる、平衡機能（バランス能力）が低下するといった変化が生じます。高齢者にみられる神経疾患には、神経系そのものの老化による疾患と、動脈硬化性変化によって二次的に生じる神経疾患があります。これらの疾患に加えて、誰にでも起こりうる範囲の神経系の老化による変化もあり、実際にはさまざまな要因が重複します。アルツハイマー型認知症や多くの神経難病では、進行に伴って認知機能の低下や運動機能の低下が著明となり、不可逆性（元には戻らない）の変化を生じます。動脈硬化性変化による脳の二次的変化は、脳卒中（脳梗塞、脳出血、くも膜下出血などの脳血管疾患）が代表的な疾患です。

　脳の肉眼的変化として最もわかりやすいのは、脳の萎縮による容積や重量の減少です。脳のCTやMRIの画像では、正常な人の脳と比べて隙間が多くなっていることがわかります（図表1－8）。また、細かい部分では、特殊なタンパクの異常な沈着、神経細胞の変性や減少、脳血管の変化などが脳内に認められます。

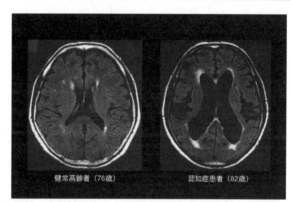

図表1－8　認知症患者のMRI（脳を水平に切った画像）

健常高齢者（76歳）　　　認知症患者（82歳）

データ提供：公益財団法人　循環器病研究振興財団　一部改変

(2)　感覚器系

①　視　覚

　視力は比較的若年から低下し始めますが、焦点が合いにくいとか明暗の変化についていきにくいといった現象は、40歳前後から認められ徐々に進行します。

　いわゆる老眼は、老化によって水晶体の調節機能が低下することにより起こります。水晶体はカメラのレンズのようなもので、私たちはこのレンズの厚さを調整して焦点を合わせています。無理をして焦点を合わせようとすると、目の疲れや肩こり、頭痛といった症状が出現します。適切な眼鏡を使用することが大切です。

　この水晶体が加齢に伴って白く濁り、視力が低下するのが白内障です。本来は透明なレンズが濁ってしまうと、光が届きにくくなることは理解しやすいと思います。水晶体を通った光が網膜という場所に届くと、それを刺激として認識し、視神経を通して信号を脳に送ります。網膜そのものも、加齢以外に、高血圧や糖尿病などの病気の影響を受けて変化・変性し、視力が低下します。

　視覚の問題が生じた場合には、原因をしっかりと見極めて、必要な治療や対応をすることが重要です。よく見えないことによる転倒、不安感からくる活動範囲の減少、刺激が少なくなることで生じてくる認知面の低下などをできる限り予防することが大切です。

②　聴　覚

聴覚機能の低下についても、個人差は大きいですが、加齢とともにみられる現象です（加齢性難聴）。加齢性難聴では、特に高い音（女性や子どもの声、機器の電子音など）が聞き取りにくくなります。根本的な治療は困難ですが、はっきりゆっくりと話しかけることや、専門家により補聴器を適切に調整してもらうことなどがとても重要です。ただし、なんらかの病気が原因で聴覚機能の低下が起こる場合がありますので、耳鼻科医の診察を受けることも大切です。

③　味　覚

味覚は、加齢に伴い減退するため、年齢が上がるにつれて「味が薄くなった、何を食べても同じ味がする」といった味覚障害を訴える人が多くなります。塩味・甘味に対しての味覚が低下しやすくなったり、濃い味を好むようになることもあります。

味覚は、舌の上にある味蕾という部分で感知します。加齢に伴い、味蕾の萎縮と減少が生じてきます。そして、高齢者は高血圧や糖尿病などの薬を内服することが多くなりますが、これらの薬の影響も味覚低下の原因の一つになります。その他の原因として、亜鉛の欠乏があります。亜鉛不足を防ぐために、牡蠣や肉類、豆・ナッツ類など亜鉛を多く含む食品を意識して摂る必要があります。食欲低下を防ぐには、料理の見た目や食感をよくする工夫も有効です。

④　嗅　覚

嗅覚の老化は、個人差が大きいですが、視覚や聴覚と比べると衰え始めるのが遅いです。匂いは鼻腔の奥にある神経で感じ取ります。この神経は盛んに再生を繰り返していますが、加齢によって衰えてくることが嗅覚低下の原因です。日常生活では「腐ったものやガスの臭いがわからない」といった不具合や、味が感じにくくなり、食欲低下につながる場合もあります。

⏐ 5　内分泌系

ホルモンを産生して血液中に分泌する臓器・器官を内分泌器官と総称します。副腎皮質ホルモンのような生命維持に重要なホルモンの分泌量は、加齢による変化はほとんどありません。一方、女性ホルモン（エストロゲン）や男性ホルモン（テストステロン）といった性ホルモンは、加齢により低下する代表的なものです。性ホルモンの減少によって、女性は骨粗鬆症、動脈硬化、脂質異常症（高脂血症）などが生じやすくなり、男性では筋肉量や筋力の低下につながります。

⏐ 6　循環器系

(1)　心臓血管系

心臓や血管は、全身に血液をくまなく送る役割があり、生命維持のための重要なシステムの一つとなっています。

心臓は心筋という筋肉で形成されており、この筋肉が収縮することで、ポンプの役割を果たしています。加齢により心筋やその周りに異物が沈着して、心臓が大きくなるとともに、ポンプとしての機能が低下してきます。日常的な生活レベルでは問題なくても、運動

負荷がかかったときに、十分な血液を送ることができなくなります。また、大動脈弁や僧帽弁といった心臓の中の弁が変性することによって機能不全をきたし、心臓弁膜症が起こります。心臓の電気刺激がうまく伝わらなくなると、不整脈を生じることも増えます。

　動脈の変化としては動脈硬化がよく知られています。若い時の動脈は弾力性があるので、運動時には動脈の内径が拡張して大量の血液を送ることができます。しかし、加齢とともに動脈の壁に異物が沈着するなどして動脈が硬くなると、狭くなった管の中へ無理やり血液を送ることになります。そのためには圧力をかけなくてはならないので、血圧は高くなり、心臓への負担が増します。さらに、血管が血栓などで詰まってしまうと、脳梗塞や狭心症、心筋梗塞、下肢切断などの重大な疾患が引き起こされます。

　静脈には、動脈ほどの加齢変化はありませんが、静脈弁の機能低下によって血液が逆流して溜まってしまい、とくに下肢において静脈瘤や浮腫がみられることがあります。妊娠時や女性に多くみられますが、下肢の筋肉量が減ることも影響があると考えられます。また、高齢者では急な姿勢変換による血圧の低下（いわゆる起立性低血圧）で立ちくらみや失神が起こることがあります。血圧の変動を感知する機能や自律神経機能の低下が原因といわれますが、動脈と静脈の加齢変化も影響していると考えます。ゆっくりとした動作で姿勢を変えることが予防につながります。

　加齢による心臓と血管の変化は、全身持久力や筋力増強のトレーニングなどを定期的に行うことで軽減できると考えられます。また、肥満は心臓や血管の負担を増やしますので、栄養バランスに注意しながら、過剰なカロリー摂取は避けるようにしましょう。

⑵ リンパ系

　加齢に伴い免疫の機能は低下します。リンパ球の数が減少することで、感染症にかかりやすくなります。胸腺や脾臓が加齢によって萎縮することが原因の一つといわれています。また、がん細胞を攻撃する特殊な免疫細胞の活性低下もみられ、がん化した細胞を排除することができなくなるために、がんが発生する危険性が増加します。

　免疫機能を保つためには、規則正しい生活、適度な運動習慣、バランスの良い栄養摂取、十分な睡眠、精神的ストレスを避けること、喫煙や過剰な飲酒を避けること、などが重要です。

┃ 7　呼吸器系

　高齢者の呼吸器機能は、肺活量（息を吸い込んだ後に、最も多く吐き出される空気の量）の低下、一秒量（深く息を吸い込んだ後に、最初の1秒間に吐き出される空気量）の低下、分時最大換気量（できるだけ速く深く呼吸をした時の1分間における肺の最大換気能力）の低下などが特徴的です。これらの原因としては、加齢による筋力の低下や姿勢の悪化、慢性閉塞性肺疾患（COPD）や肺線維症などの疾患、喫煙の習慣、大気汚染、粉塵・ガスなどの物質に職業的に晒されたことによる肺組織の変化などが考えられます。

　呼吸器系は体の外と直接つながっているので、異物を外に排出する働きや免疫機能が備わっていますが、加齢とともにこれらの機能も低下します。また、嚥下反射やせき反射の低下により、異物が気道に入り込みやすくなるため、肺炎も起こりやすくなります。

　日常生活においては、禁煙、痰が出やすくなるように水分摂取をすることなどが勧められます。

8　消化器系

　摂食・嚥下の機能は加齢とともに低下します。その結果、高齢者では、誤嚥によって食物や唾液の一部あるいは全部が気道に入ってしまうことによる誤嚥性肺炎を起こしやすくなります。摂食・嚥下とは、食物を認知し、口の中に入れ、それを咀嚼し、咽頭に送り込み、さらに食道を経て胃に至るまでのすべての過程をいいます。摂食・嚥下障害は、これらの過程の一部あるいはすべての機能低下がある状態です。したがって、単に飲み込みの障害だけではなく、認知機能、歯や入れ歯の状態、舌の動きや味覚の低下など多くの問題が絡んで引き起こされます。かかりつけの歯科での定期的なチェックも重要です。

　誤嚥性肺炎は、高齢者の死亡原因としては順位が高い疾患です。しかし、口からの食物摂取は生命維持の点でも、楽しみという点でも重要であり、安易に経管栄養に移行することは避けるべきです。嚥下機能に悪影響を及ぼす薬物もあるので、注意が必要です。

　消化・吸収の機能は、加齢のみでは大きな変化はないと考えられています。しかし、老化に伴い胃、小腸、大腸などの粘膜の萎縮や、消化液の分泌量が減少することは多く、栄養の分解・吸収能力が低下する可能性があります。また、便秘症状を訴える高齢者は少なくありません。原因は様々あり、内服中の薬剤や合併症、食事量や運動量の減少、精神面の影響などが考えられます。朝食後にはトイレに行くといった生活習慣をつけることは大切です。

9　泌尿器系

　腎臓は血液を濾過して、老廃物を尿として排出したり、体内の水分量を調整したりする重要な役割をもっています。腎機能の指標である糸球体濾過率および腎血流量は、加齢に伴い、低下していきます。腎機能が低下すると、尿が出にくくなり、むくみが出現しやすくなります。また体内の水分量の増加などによって、血圧が上がりやすくなります。とくに、高齢者で高血圧や糖尿病を合併している場合には、腎機能の定期的な検査が欠かせません。腎機能低下とともに、服用している薬の成分の排出量も低下するので、体内での薬物の濃度が上昇して副作用が出やすくなることには注意が必要です。

　高齢者の排尿に関わるトラブルとしては、頻尿や失禁、排尿困難などがあります。膀胱容量の減少によって、頻尿になりやすくなります。女性では骨盤底筋の筋力低下（尿道を締める力の低下）による尿失禁、男性では前立腺が肥大することで排尿困難が起こりやすくなります。必要以上に水分摂取量を減らすと、脱水を引き起こす危険があるので要注意です。水分摂取のコントロールが必要な場合は、医師に相談するようにします。

10　生殖器系

　性ホルモンの分泌は、加齢に伴って男女とも徐々に低下し、精巣や卵巣、乳腺が萎縮してきます。生殖能力という点では、男性は比較的高齢になるまで残されます。

　女性では萎縮性の変化などのために感染症にかかりやすくなり、老人性膣炎（萎縮性膣炎）が生じやすくなります。40代後半頃から月経が不規則になり、やがて閉経を迎えます。閉経前後に生じる様々な症状を更年期症状と呼び、倦怠感、易疲労感、ほてり、多汗、不安といった身体症状や精神症状などが出現します。

11　体温調節系

　体温を一定に保つためには、体熱の産生と放散のバランスが重要となります。産生には、筋肉や内臓の代謝が関係しますが、高齢者では、筋肉量の減少などにより基礎代謝量が低下するため、安静時の体温は低い傾向がみられます。また、温度変化への反応が鈍くなるため、暑くても発汗や末梢血管の拡張が遅れ、熱の放散がしにくくなって体温が上がり、熱中症に陥（おちい）りやすくなります。高齢者では、激しい運動をしていなくても、散歩や買い物などの日頃の活動や、屋内での生活においても熱中症が起こる危険性が高いため、注意が必要です。水分摂取だけでなく、エアコンを適切に使用するなどの室温の調整も大切です。

12　フレイル

　フレイルとは、加齢に伴う様々な身体的・精神的変化や、疾病（しっぺい）、不活発な生活習慣などによって、種々の機能が低下した脆弱（ぜいじゃく）な状態のことをいいます。要介護状態と健康の中間の状態であり、筋力の低下による転倒や、感染症などのストレスによって容易に要介護状態、死亡に至ることが知られています。しかし、この状態は改善が見込まれる時期でもあり、早期にリハビリテーションなどに取り組むことによって、可能な限り健康な状態に戻すことが重要です。

Ⅲ　心理的変化

1　人　格

　高齢者の人格の特徴として、頑固（がんこ）で自己中心的になりやすい、内向的になり用心深くなる、あれこれ気にしたり抑（よく）うつ気分になりやすいといった否定的な見解がこれまでは多くみられました。しかし、近年の研究では、基本的な人格は中年期から高年期においてもあまり変わらないといわれています。それでもやはり、高齢になって頑固さが目立つようにみえることがあります。これは、歳をとるにつれて知的能力や判断力が低下し、感情を抑える能力が弱まったためといわれています。

2　知　能（ちのう）

　知能は、「結晶性知能（けっしょうせい）」という過去に経験した知識や経験をもとに日常生活の状況に対処する能力と、「流動性知能（りゅうどうせい）」といわれる新たなことを学んだり覚えたりする能力から成り立っています。これらの能力のうち、加齢とともに低下するのは「流動性知能」であり、高齢期では、新しいことを学習したり、新しい環境に慣れたりすることに疎（うと）くなると考えられています。一方で、「結晶性知能」は、80歳代になっても20～30歳代と同じレベルの知能が維持されており、「流動性知能」の低下を補って、全体的な知能維持に役立っていると考えられています。

3　記憶（き おく）

　記憶には、一時的に電話番号を数十秒ほど覚えるといった「短期記憶」と、何度か繰り返し覚えて記憶を固定し、必要なときには取り出すことができる「長期記憶」があります。このうち、健常（けんじょう）な高齢者では、「短期記憶」では、ほとんど低下がみられません。一方、「長期記憶」は加齢とともに低下し、なかでも「エピソード記憶（物の置き場所、過去の出来事）」や「意味記憶（人や物の名前）」に関わる記憶が衰えます。

　記憶は本来、何か手がかりがあれば思い出すことができます。高齢者の場合、頭の中には記憶されているにも関わらず、うまく記憶が引き出せないことから混乱が生じているのです。

　このように、加齢とともに脳の神経細胞は少しずつ減り続けるため、感受性が鈍くなって感情の表出が乏しくなったり、感情の制御がきかなくなって怒りっぽくなったり、また、記憶などを中心に知能が低下するなど、脳の活動が衰えることは避けられません。

　しかしながら、すでに多くの知識と経験を積んだ高齢者は、さまざまな出来事をさまざまな視点から判断する能力を持ち合わせています。そして、大脳の神経細胞間のネットワークは生涯にわたって発達することから、脳に刺激を与えて活性化し続けることによって、より深い思考、より豊かなこころを保つことが可能となります。

今後の学習のための　キーワード

◎姿勢の変化　　◎筋骨格系の変化

◎感覚機能の変化（視覚、聴覚、味覚、嗅覚）　　◎動脈硬化

◎起立性低血圧　　◎呼吸機能　　◎咀嚼機能　　◎尿失禁

◎性ホルモン　　◎体温調節　　◎フレイル

◎心理的変化（人格、知能、記憶）

　　　　　　　　　　　　　（Ⅰ老化に伴う心身の機能の変化・Ⅱ身体的変化：執筆　高岡徹）

　　　　　　　　　　　　　　　　　　　　　　　　（Ⅲ心理的変化：執筆　吉田英世）

〔引用・参考文献（高岡徹）〕
① 大内尉義ほか「新老年学（第3版）」東京大学出版会，2010
② 荒井秀典ほか「フレイルハンドブック（2022年版）」ライフ・サイエンス，2016
③ 島薗安雄・保崎秀夫ほか「図説臨床精神医学講座7　老年精神医学」メジカルビュー社，1987

〔引用・参考文献（吉田英世）〕
① 折茂肇ほか「新老年学（第3版）」東京大学出版会，2010
② 日本老年医学会「老年医学テキスト」メジカルビュー社，1997
③ 東京都老人総合研究所「サクセスフル・エイジング」ワールドプランニング，1998
④ 柴田博「おとしよりの病気と生活」婦人生活社，1994
⑤ 柄澤昭秀「高齢者の保健と医療」早稲田大学出版部，1998
⑥ 高橋龍太郎「図解・症状からみる老いと病気とからだ」中央法規出版，2002
⑦ 介護福祉士養成講座編集委員会「新・介護福祉士養成講座11　発達と老化の理解」中央法規出版，2009

1 高齢者の疾病（老年症候群）と生活上の留意点（外科系）

高齢者に多い老年症候群について、その特徴、これらの障害を見いだす方法、生活上の留意点を説明します。
ここでは、
① 老年症候群とは
② 老年症候群の早期発見
③ 運動器の機能向上
④ 口腔機能の改善
⑤ 低栄養の改善
⑥ 認知機能の向上
⑦ 尿失禁の改善
について理解してください。

I 老年症候群とは

老年症候群とは、老年医学、リハビリテーション医学で用いられてきた概念です。加齢による心身の機能低下を背景として、疾病の発症や入院などにより付随して現れる、せん妄、褥瘡、歩行機能障害、尿路感染などを総称して老年症候群と呼んできました。

近年、国民の寿命が著しく延びたことによって、要介護状態の原因としての老年症候群が注目されるようになりました。疾病とは呼びにくい加齢に伴う生活機能障害を総称したものが老年症候群で、足腰の虚弱、転倒・骨折、関節の痛み、口腔機能低下、低栄養、うつ傾向、認知機能低下などがあります。

図表2−1をみると、高齢による衰弱、

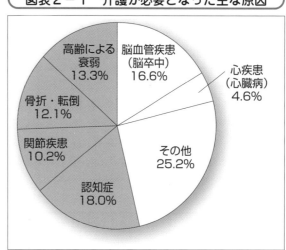

図表2−1　介護が必要となった主な原因

高齢による衰弱 13.3%
脳血管疾患（脳卒中）16.6%
心疾患（心臓病）4.6%
骨折・転倒 12.1%
その他 25.2%
関節疾患 10.2%
認知症 18.0%

出所：厚生労働省「国民生活基礎調査」（平成28年）より作成

骨折・転倒、関節疾患、認知症が老年症候群で全体の5割を超えます。

老年症候群は、加齢に伴う生活機能障害ですが、心身を使わないことによる機能低下すなわち廃用（生活不活発）の影響が大きく、ケアの現場で積極的に心身を使うことを促すことによって、生活機能の維持、向上を図ることができます。老年症候群に対する積極的な働きかけの効果は、国内外で出された科学的根拠からも明らかです。ですから、高齢者が年のせいと諦めてしまうことはあるかもしれませんが、少なくとも介護者は諦めることはないよう

にしてください。

　そうはいっても、「心身を使うことを促しても高齢者が応じてくれない」という話もよく聞くことです。このような方々からは、「どうせやっても仕方ない」、「面倒だ」という言葉が返ってきます。これは、自分に対する自信のなさが原因であると考えられます。面倒だと訴えていても、ニーズがないわけではないのです。その証拠に、不活発な生活習慣が問題であることを認識している高齢者は案外多いのです。介護者が日常のケアで老年症候群の予防、改善の認識を持って接していくことによって、高齢者も少しずつ自信を取り戻していくことができます。

Ⅱ　老年症候群の早期発見

　老年症候群は、①始まりが緩やかである、②致命的な症状ではない、③複数の症状が重なって現れる、という特徴があるので、早期に発見することは容易ではありません。また、症状があったとしても、原因は老年症候群以外の場合もあるので、系統的なチェックが必要です。

　厚生労働省では、老年症候群の早期発見を目的とした「基本チェックリスト」を開発しています。この基本チェックリストを用いて、対象者にはどのような老年症候群のリスクがあるのかをチェックしてみるとよいでしょう（図表２－２〜図表２－６）。平成27年４月施行の介護保険制度の改正ではこのチェックリストが活用されることになります。

図表２－２　運動器の機能低下の基本チェックリスト

階段を手すりや壁をつたわらずに昇っていますか	0．はい	1．いいえ
椅子に座った状態から何もつかまらずに立ち上がっていますか	0．はい	1．いいえ
15分位続けて歩いていますか	0．はい	1．いいえ
この１年間に転んだことがありますか	1．はい	0．いいえ
転倒に対する不安は大きいですか	1．はい	0．いいえ

「1．」が付く項目が３つ以上になる場合は、運動器の機能低下リスクがあると判断できます。

図表２－３　低栄養の基本チェックリスト

６ヵ月間で２〜３kg以上の体重減少がありましたか	1．はい	0．いいえ
身長　　　cm　体重　　　kg（BMI=　　　）（注）		

（注）BMI（＝体重（kg）÷身長（m）÷身長（m））が18.5未満の場合に該当とする。
「1．はい」にチェックが付き、BMIが18.5未満の場合は、低栄養のリスクがあると判断できます。

図表２－４　口腔機能低下の基本チェックリスト

半年前に比べて固いものが食べにくくなりましたか	1．はい	0．いいえ
お茶や汁物等でむせることがありますか	1．はい	0．いいえ
口の渇きが気になりますか	1．はい	0．いいえ

「1．はい」が2つ以上になる場合は、口腔機能低下のリスクがあると判断できます。

図表２－５　認知機能低下の基本チェックリスト

周りの人から「いつも同じ事を聞く」などの物忘れがあると言われますか	1．はい	0．いいえ
自分で電話番号を調べて、電話をかけることをしていますか	0．はい	1．いいえ
今日が何月何日かわからない時がありますか	1．はい	0．いいえ

「1．」が付く項目が1つ以上になる場合は、認知機能低下のリスクがあると判断できます。

図表２－６　うつ傾向の基本チェックリスト

（ここ2週間）毎日の生活に充実感がない	1．はい	0．いいえ
（ここ2週間）これまで楽しんでやれていたことが楽しめない	1．はい	0．いいえ
（ここ2週間）以前は楽にできていたことが今ではおっくうに感じられる	1．はい	0．いいえ
（ここ2週間）自分が役に立つ人間だと思えない	1．はい	0．いいえ
（ここ2週間）わけもなく疲れたような感じがする	1．はい	0．いいえ

「1．はい」が2つ以上になる場合は、うつ傾向のリスクがあると判断できます。

　このようなチェックリストを活用して、見えにくい老年症候群のリスクの有無を判断し、問題が起こってからのケアから予防的なケアへと変えていきましょう。

Ⅲ　運動器の機能向上

　足腰の虚弱（きょじゃく）、膝痛（しっつう）（ひざの痛み）、腰痛（ようつう）、転倒骨折の予防をまとめて「運動器の機能向上」として、その対象者と方法について説明します。

1　対象者

　運動器の機能向上を図るべき対象者は、前述の運動器の機能低下のリスクに該当する人々ですが、すべての人に積極的な働きかけが有効なわけではありません。重篤（じゅうとく）な疾病を持っている場合は、運動がかえって機能を低下させてしまう、あるいは病状を悪化させてしまう危険もあります。次のような人の場合は、リスクがあったとしても積極的な生活機能の維持・向上はケアの目標としません。

【除外すべき基準】
・最近3か月間で1週間以上にわたる入院をしたもの
・重篤（じゅうとく）な高血圧（収縮期血圧180mmHg以上、拡張期血圧110mmHg以上）のもの

・低血糖発作などを起こす重篤な糖尿病があるもの
・1か月以内の急性の膝痛、腰痛があるもの
・慢性閉塞性肺疾患（慢性気管支炎、肺気腫など）で息切れ・呼吸困難があるもの
・急性期の肺炎・肝炎などの炎症のあるもの
・その他、医師から運動を制限されているもの

以上の除外すべき基準に該当しない人々は、積極的に身体を動かすことによって生活機能の改善が期待できます。平均年齢90歳の特別養護老人ホーム在住者であっても筋力が約2倍に、腿の太さが9％増加したとの報告があります。このような報告に示されるように、身体を動かすことによって筋肉や関節が刺激を受ければ、それに反応する能力は、かなり後期の高齢期になるまで維持されていることがわかっています。

2　ケアの方法

運動器の機能の向上を考えるケアのためには、次の点を理解します。
・立ったり座ったり、移動に関わる筋肉を刺激すること
・日常でできる、あるいは一般的にしている動作を使って、それをなるべくゆっくりと実施してもらうことで筋肉への刺激とすること（スロートレーニング）
・徐々に動作のレベル、筋肉への刺激を増加させていくこと

(1)　立ったり座ったり、移動に関わる筋肉を刺激すること

手をグーパーさせたり、肩のストレッチをする等、「動けばなんでも老年症候群の予防になるのではないか」と考えている人が多いのですが、それは間違いです。動いたときに刺激を受ける部位だけが元気になってきます。すべての部位を元気にすることはまず不可能ですから、ケアの現場で必要とされる、「立つ・座る・移動する」といった動作に必要な部位の刺激になっているかどうかが、成功するケアのポイントです。

図表2－7のとおり、立ったり座ったりする動作に必要とされる筋肉は、お尻の筋肉（大殿筋）、腿の前の筋肉（大腿四頭筋）、ふくらはぎの筋肉（下腿三頭筋）です。これらの筋肉をケアのなかでできるだけ使うようにしていきます。ちなみに、身体のなかには筋肉が約400あります。そのうちの、もっとも大事な3つを選んでいます。これらは、重力に抗して活躍する筋肉ですから、抗重力筋と呼ばれます。

まずは、対象者と一緒に、たたいたりさすったりしながら、この3つの筋肉を意識して

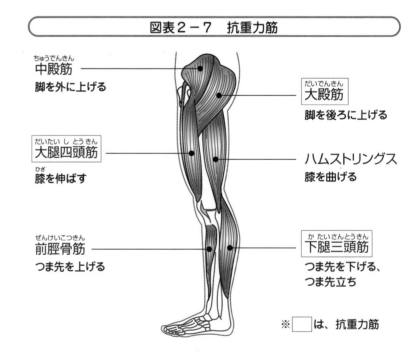

図表2－7　抗重力筋

中殿筋
脚を外に上げる

大殿筋
脚を後ろに上げる

大腿四頭筋
膝を伸ばす

ハムストリングス
膝を曲げる

前脛骨筋
つま先を上げる

下腿三頭筋
つま先を下げる、つま先立ち

※　□は、抗重力筋

もらうようにします。意識ができたら、どのような動きや姿勢をとると、筋肉が活躍するのかを確かめてみるとよいでしょう。腿の前に手を置きながら、ゆっくりと立ち上がってみます。大腿四頭筋に力こぶができてくることがわかると思います。あるいは、階段の昇り降りでも結構です。同じように腿の前に手を置いてゆっくりと昇るようにすると、大腿四頭筋が活躍することがわかります。

　このような動きが、立ったり座ったり、移動をしたりするときに必要な筋肉を刺激することになります。もし、立ち上がったり、階段を昇ったりするのが難しいようであれば、ホームセンターなどでゴムチューブを手に入れましょう。輪を作り両足首に通して、片方の足を支えにして、膝を前に上げると、同じように大腿四頭筋の筋活動を感じることができます（図表２－８）。

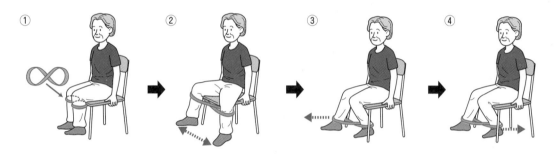

図表２－８　ゴムチューブエクササイズ

(2)　スロートレーニング

　日常生活で抗重力筋は結構使っているように思いがちですが、筋肉の持っている力のごく一部しか使っていません。ですから、高齢期になって活動性が低下すると、徐々に筋力は低下していきます。筋肉を刺激するためには、日常生活で使われている筋力よりやや重めの負荷が必要です。一方で、負荷が重すぎると、筋肉や関節がダメージを受けてしまう危険も伴います。

　そこで、楽に行える動作をいつもより遅く動かすことで、筋肉を刺激する運動にかえるという方法を紹介します。立った姿勢で膝を曲げたり伸ばしたりする運動は、スクワットと呼ばれます。動きを徐々にゆっくりとさせ2秒くらいかけて膝を曲げて、2秒くらいかけて膝を伸ばすくらいまで動作を遅くすると、大腿四頭筋が疲れるのを実感できると思います。このように、普段行っている動作をゆっくり行うこと、すなわちスロートレーニングをすることで、日々の動作が足腰の老年症候群のトレーニングに変わるのです。

　筋肉の動きを感じる程度の簡単な動作から始めて、それを繰り返してみましょう。身体に優しいトレーニングのできあがりです。

(3)　徐々に動作のレベル、筋肉への刺激を増加させていくこと

　老年症候群をすでに発症している、あるいはその危険が高い高齢者の身体は非常にもろいものです。身体に優しいストレッチでも骨折する人がいるほどです。軽い負荷から始めて、徐々に身体を慣らし、そして身体への刺激を強くしていくイメージが必要です。1か月ぐらいを目安にしながら、階段を一つひとつ昇るように、動作のレベルや筋肉への刺激を増やしていきましょう。とはいえ、軽すぎては効果は期待できません。高齢期の活動では実績がものを言います。少しずつ実績を積み重ねれば、高齢者本人も介護者も怖くなく

なります。自信がついたら次のステップへと、常に目標を高くもって、動作のレベル、筋肉への刺激を高めてください。

3　慢性期の痛みへの対応

　膝痛・腰痛などの慢性期の痛みへの対応は、動かすことが一番よい方法です。動かすと悪くなるのではないかと考える人が多いのですが、痛みは長年働いてきたことによる関節の摩耗によって生じると信じているからなのです。実際には、肉体労働をしていなくても痛みは発生するのです。最近は痛みは廃用によっておこると考えられています。日本でも海外でも、慢性期の痛みを改善するのは動くことだとされています。

　アメリカの場合は、肥満者が国民の30％を超えているので、太りすぎの場合は減量してから動くことを推奨しています。

　関節は他の組織と違って血管が少ないという特徴があります。関節では関節液が血液の代わりとなって、組織の健康を保っています。関節液の循環には運動が必要ですから、急性の痛みが治まったらなるべく早く、痛みのない範囲（例えば座った姿勢や、関節を動かせるわずかな範囲）で繰り返し動かすことが重要です。徐々に関節が動かせるようになってきたら、立ったり、座ったりするために必要な筋肉を刺激していけば、痛みが強まることはありません。

Ⅳ　口腔機能の改善

　口腔内の衛生状態が悪いと、肺炎やインフルエンザなどの感染症にかかりやすいことはよく知られるようになってきました。また、ケアの現場では舌の掃除なども一般的になり、利用者の口腔衛生状態はずいぶんと改善してきました。そこで、さらに一歩進んで取り入れていきたいのが口腔機能の改善です。口腔の機能といっても沢山ありますので、食べることに関連した口腔機能の改善を図っていきましょう。

1　かむ能力の重要性

　図表2－9・図表2－10は、「かめる人」と「かめない人」の摂取食品や栄養素を比較したものです。かむ能力が衰えることによって、食物摂取のバランスが大きく崩れてくることがわかります。身体の筋肉などを作る肉類や、根菜類などのその他の野菜の摂取が減少して、一方、砂糖・菓子類の摂取が増えてきます。これにより、かめない人は、かめる人と比較して、すべての栄養素において摂取量が下回っています。ですから、砂糖・菓子類でカロリーはおぎなわれますので太っていても低栄養状態ということもあります。

　現在は、かむ力を必要としない食品も市場にあふれているため、かむ力が低下しても食べるものには困りません。しかし、この様な食事内容の変化が低栄養をひきおこす危険性があることに注意が必要です。

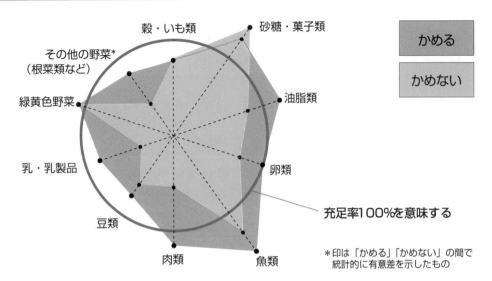

図表2-9 「かむ」能力別の摂取食品構成

出所：永井（湯川）晴美他 日本公衆衛生雑誌, 38（11）, 1991

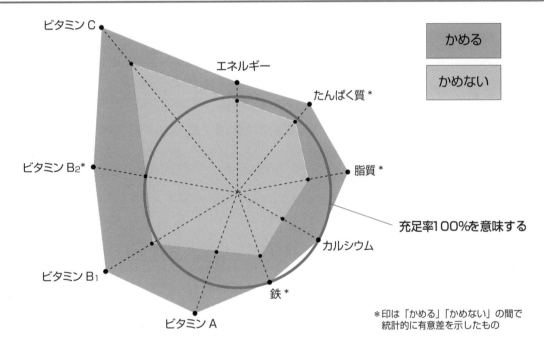

図表2-10 「かむ」能力別の栄養素の摂取

出所：同上

2 ケアの方法

　皆さんがものを食べるとき、まずは、口にものを入れてかむはずです。かむ力も加齢（かれい）により低下してきます。かむ力も、筋肉が作用しているわけですから、徐々に固いものをかむようにすることで、かむ力の老年症候群を改善することができます。

　しかし、現在の介護現場では、なるべく軟らかくて栄養が摂（と）れる食品を提供することが先行しており、いつまでもかむ能力を維持するという発想が欠けています。これでは、弱くなったかむ力がますます弱くなっていきます。

　かむ力が低下すると、唾液（だえき）の分泌量も減ってきます。唾液の分泌には、安静時の分泌と刺激時の分泌の２種類があります。加齢に伴い安静時の分泌量が減少してきますが、刺激時の分泌量は比較的よく保たれます。よくかんで食べることによって、唾液を十分に分泌してから飲み込むことができます。また、食事の前に耳の下、下顎（あご）の唾液腺をマッサージして刺激してから食事を摂ると、唾液の分泌を促すことができます。

　次に必要なのは、口の陰圧（いんあつ）を保つことです。そのためには、しっかり口を閉じて、外界と食物を遮断（しゃだん）する必要があります。口を開けて、ゴックンとつばを飲み込むと、口を閉じているときに比べて、格段に飲み込みにくくなります。これは、口を完全に閉鎖しないと嚥下（えんげ）しにくいからなのです。食べこぼしやよだれが流れている利用者は、口の閉鎖が難しいと考えるべきです。食事の前に、口すぼめなど、口や頬（ほほ）の筋肉をよく動かすようにしてから食事をすると、口の閉鎖がとてもよくなります。また、舌も同様に、飲み込む前に舌を上顎にぴったりと密着させると陰圧を保つ作用があります。舌を大きく前に出したり、横に伸ばしたり、舌の運動をしてから食事を行うと、飲み込みが非常に楽になってきます。

　ケアの現場で口腔衛生が行き届いてきたら、次に目指すのは飲み込む力、かむ力を落とさず向上させるケアです。

 低栄養の改善

1　低栄養になる原因
低栄養（ていえいよう）

　口腔機能とも関連していますが、高齢期では低栄養になりがちであることに注目しましょう。生活習慣病の予防の観点から過栄養への理解はありますが、高齢期の低栄養の理解は不十分です。

　図表２−11は、年齢と栄養状態の関係を示したものです。男女ともに加齢に伴い低体重者の割合が増加してくる傾向があります。食事は文化、環境とも密接に関連しています。複数名で食事をする場合は楽しい雰囲気のため食が進みますが、一人で食事をすると食が進まず、カロリー摂取量が低くなります。また、バランスで考えても、大勢の食事なら品数を多くそろえることができますが、一人の食事では品数が減ったり、同じ品物を数日に分けて食べたりしがちです。

　加えて高齢期では、過体重が必ずしも過栄養であるとは限らないことにも注意が必要です。かむ力が低下すると、食品が砂糖や菓子類に偏（かたよ）って、肉の摂取（せっしゅ）が減る傾向があります。このような場合ではエネルギーの摂取は過剰（かじょう）でも、栄養素の摂取が不十分ということが起こっています。また、動物性タンパク質が欠如すると、細胞膜の浸透圧とも関係するので、一見ふっくらと見えても、浮腫（ふしゅ）（むくみ）による場合があるので、低栄養によって免疫力（めんえき）が低下して、風邪をひきやすくなったり、病気になったときに褥瘡（じょくそう）を作りやすくなってしまったりします。

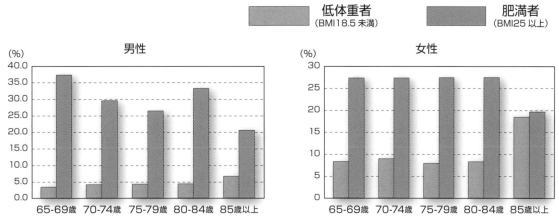

図表２−11　年齢階級別肥満者と低体重者の割合（男女別）

出所：厚生労働省「国民健康・栄養調査」（令和元年）

2　ケアの方法

　低栄養への対策には、「高齢者のそれまでの食生活を保つ」という考えが必要です。けっして、「何を何グラム食べなさい」というような食事指導ではありません。これまで、肉を食べていた人が肉を食べなくなったら、それを切り口にして低栄養対策を考えていくとわかりやすいでしょう。なぜ食べたくないのか？ということに着目して、「スーパーで買うと余ってしまう」、「調理が面倒」などの理由なら、缶詰や冷凍食品の利用など、新たな生活習慣を付け加えていくようにします。このような日常の問題は、話をするだけでは行動に結びつかない場合がありますので、実際に手にとって使ってみて、おいしい、簡単、身体によいという体験をするところまで援助します。

　また、風邪などの体調不良の際は食欲が低下する場合もあるため、日常のケアのなかであらかじめ対応を決めておくと、不必要な栄養の低下を防ぐことができます。例えば、主食は残してもおかずは食べてもらう方法や、栄養補給の食物やゼリーなどを食べるなどの方法を一緒に考えて、元気なときに試してみることが有用です。

3　食品の多様性を理解する

　専門的に低栄養へのケアを考える時には、食品の多様性を理解するとよいでしょう。①肉、②魚介類、③タマゴ、④大豆・大豆製品、⑤牛乳・乳製品、⑥緑黄色野菜、⑦海藻類、⑧いも、⑨果物、⑩油を使った料理を１日１回食べた場合を１点として数日間調べてみて、どうしても摂りにくい食品群を明確にし、その食品群を摂れる方法を高齢者と一緒に考えます。このポイントは主食を除外することです。主食以外にどれだけバラエティのある食事を摂るかが課題です。

Ⅵ　認知機能の向上

　加齢によって脳の神経細胞が減少することにより、個人差はあるものの、認知機能の低下が起こります。しかし、もともとの知的水準が高く、人との関わりが多い人では、認知機能が比較的よく保たれます。

1　認知機能の低下

　認知症に至る前によくみられる認知機能低下としては、いつ、どこで、誰と、何をしたというような「エピソード（出来事）記憶」、2つ以上のことを同時に行うというような「注意分割機能」、段取りを整えるといった「計画力」の3つの低下があります（図表2－12）。

　どこかに特別に出かけるというようなことがなくなってくると、エピソード（出来事）記憶は必要がなくなってきます。単純な作業の繰り返しでは、注意分割機能を必要としません。新しいことにチャレンジすることがなくなると、計画力も必要なくなってきます。このように考えると、認知機能の低下も、筋力の低下と同じように考えることができます。

　認知機能の低下を防ぐために、日常のケアのなかでこれらの機能をよく使うように支援していくことが必要です。

図表2－12　認知機能の低下

認知症になりかけたときに低下する3つの能力。

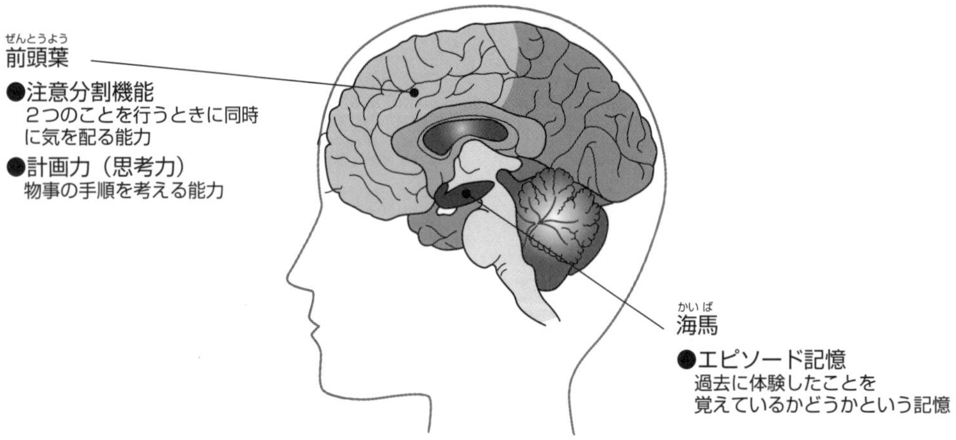

前頭葉
- 注意分割機能
  2つのことを行うときに同時に気を配る能力
- 計画力（思考力）
  物事の手順を考える能力

海馬
- エピソード記憶
  過去に体験したことを覚えているかどうかという記憶

2　ケアの方法

(1)　料　理

　料理をするときは、メニューを考えたり段取りを考えるなど、計画力を使います。お鍋を火にかけながら、同時にフライパンで炒めるなど、注意分割機能も使います。そのため、料理は認知機能低下を防ぐ最適な行動とされています。ただ、注意が必要なのは、いつも同じ料理ではこの能力が十分に発揮されないということです。身体が自然に覚えているものを「手続き記憶」といいます。人間の頭は効率的にできていますので、手続き記憶を蓄えれば、計画力や注意分割機能を使わなくても済むようになっています。ですから、高齢者と一緒に新しい料理を作ってみることが、認知機能を高めるケアにつながります。

(2)　会　話

人と話すことも注意分割機能を高めますが、自分勝手に同じことを話しているのでは、注意分割機能を刺激することはできません。人の話を聞いて自分の話を返すようなやりとりが大事になります。このような機能が劣ってくると話すのが面倒になってしまいますので、話すのが面倒だというのも、注意分割機能の低下だと考えて、できるだけ興味のある話題で高齢者に話す努力をしてもらう必要があります。

(3)　外　出

計画力を高めるためには、外に出かけることが一番よい方法です。身だしなみを整えて、時間をみながら行動することなど、計画力の要素がすべて入っているからです。いろいろな要因で外に出かけることがおっくうになりますが、そのおっくうさが認知機能を低下させ、さらにおっくうになるという悪循環を生んでいることに気づく必要があります。高齢者と一緒に買い物に行ったり、散歩に誘うなどして、外出の機会を増やすことが重要です。

(4)　運　動

頭を使う方法の他にもう一つ認知機能を高める方法は、身体を動かすことです。世界では、認知機能を高めるために、抗酸化物質のサプリメント、認知リハビリテーション、運動の臨床試験を行っています。そのなかで、現在効果があると判定されているのは、運動です。

運動の種類はあまり影響がないようですが、"中等度"つまり身体に刺激になるくらいの運動が必要だとされています。筋肉のトレーニングであれば筋力が高まる程度、有酸素運動であれば心肺機能が高まる程度の運動負荷が必要です。

有酸素の運動について簡単に紹介します。

まず、15秒間脈を測ってみます。この数を4倍したものが心拍数です。15秒間の脈拍が20回の人なら心拍数は80、15回の人なら心拍数は60になります（図表2－13）。

図表2－13　脈の測り方

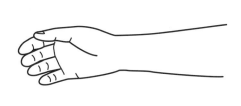
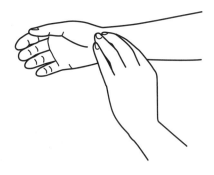

そして、平常時の脈に5拍、すなわち心拍数でいうと20拍増やすような運動を加えるとよいでしょう（図表2－14）。

まず、高齢者の好きなリズムのよい音楽を探します（1曲3分以上あるほうがよいです）。はじめに脈を測って、音楽に合わせて1曲足踏みをしてみます。そして、もう一度脈を測ります。15秒間の脈を計測して、はじめの脈拍＋5拍まで脈が増えれば、足踏みをするだけでその高齢者の有酸素運動になります。もし、運動が楽すぎて心拍数が増えないようであれば（心拍数を増やさない薬を服用している場合は除きます）、手の振りを加えます。足踏みをしながら手を上に上げたり、下に下げたり、大きく腕を振ったりすること

によって、心拍数が増えていきます。もし脈が上がりすぎていると感じたら、足踏みだけに戻れば心拍数は落ち着きます。

　このようにして、高齢者一人ひとりにとってちょうどよい運動を一緒に試してみます。これをすることによって、認知機能が改善し、面倒だという感覚が徐々に少なくなっていきます。

　従来、運動の効果は脳の覚醒（かくせい）を高めるだけで一過性だと考えられてきましたが、最近では脳神経に直接作用して認知機能を高める作用があることがわかってきました。

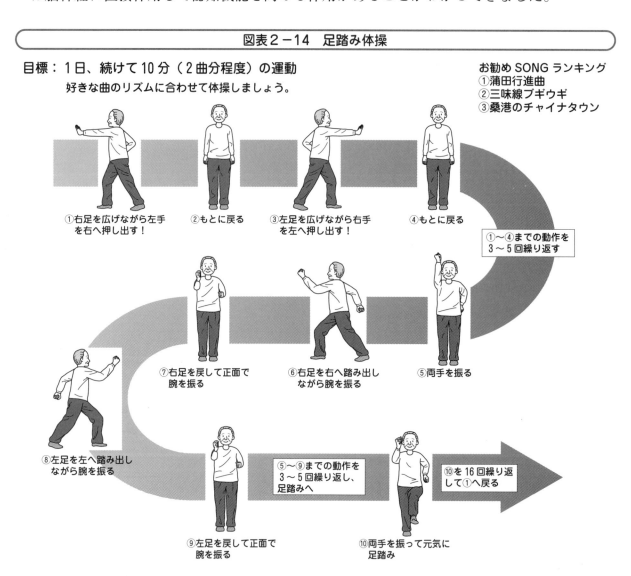

図表2－14　足踏み体操

目標：1日、続けて10分（2曲分程度）の運動
好きな曲のリズムに合わせて体操しましょう。

お勧めSONGランキング
①蒲田行進曲
②三味線ブギウギ
③桑港のチャイナタウン

①右足を広げながら左手を右へ押し出す！
②もとに戻る
③左足を広げながら右手を左へ押し出す！
④もとに戻る

①～④までの動作を3～5回繰り返す

⑦右足を戻して正面で腕を振る
⑥右足を右へ踏み出しながら腕を振る
⑤両手を振る

⑧左足を左へ踏み出しながら腕を振る

⑨左足を戻して正面で腕を振る

⑤～⑨までの動作を3～5回繰り返し、足踏みへ

⑩両手を振って元気に足踏み

⑩を16回繰り返して①へ戻る

Ⅶ　尿失禁の改善

　尿失禁（にょうしっきん）は、女性に多くみられる症状です。男性に比較して尿道（にょうどう）が短いことから、骨盤（こつばん）を構成する筋肉の筋力低下（または、筋肉のゆるみ）が起こってくると、失禁しやすくなります。

　尿失禁は、致命的（ちめいてき）な症状ではありませんが、尿意を感じてから排尿（はいにょう）まで我慢（がまん）ができないような場合は、トイレが心配だから出歩くのを控えるというように、活動を著しく制限してしまうおそれがあります。

1　尿失禁のタイプ

　尿失禁のタイプには、腹圧性、切迫性、溢流性、機能性の主に4つのタイプがあります。女性で多いのは腹圧性で、笑ったりくしゃみをしたりして、腹圧がかかると漏れてしまうタイプです。逆に男性に多いのは溢流性で、尿道が長く、間に前立腺があり、前立腺が肥大することなどによって、尿道の抵抗が高くなって十分に尿を出し切れずに、ちょろちょろと漏れるタイプです。

　腹圧性、溢流性、どちらのタイプでも、骨盤を構成する筋肉をよく使うことや、歩くことなど下肢全般の機能を高めることによって、症状が改善します。このような努力によっても症状が変わらない場合は、切迫性の尿失禁である可能性が高いです。糖尿病や脊柱の病気などによって、膀胱を支配している神経が異常に活動することから、うまく排尿できない状態になっていると考えられます。この場合、日常のケアで改善することは望みにくいので、早めに医療機関を受診するなどの対応が必要です。

2　ケアの方法

　骨盤を構成する筋肉のトレーニングは、そう難しいものではありません（図表2−15）。

図表2−15　骨盤を構成する筋肉のトレーニング

①　お尻の穴をうまくしめる感覚で、ギューとゆっくりと10秒くらい収縮させる。
②　5秒くらいかけてゆっくりと緩める。
③　①と②を、1回に20動作、1日に3〜5回継続する。

　→骨盤を構成する筋肉に張りが生まれて症状が緩和します。
　※お尻の穴をひきあげるような感覚で、力を制御しながら行うことがポイント。

　また、尿失禁のある人は、失禁を心配して排尿回数が多くなる傾向があります。尿は身体の老廃物ですが、膀胱に十分にためて一気に流すことで、尿道から上がってくる細菌を押し流す作用もあります。そのため、排尿回数が多くなって1回の尿量が少なくなると、細菌を押し流す作用が少なくなってしまい、膀胱炎などの尿路感染を起こしやすくなります。尿路感染は、膀胱などで炎症を起こしやすいので、膀胱を過敏にしてさらに尿意を強くするという悪循環に陥ります。十分に水分をとって、尿を膀胱にたっぷりためて一気に出すという好循環を意識したケアをしてください。

今後の学習のための　キーワード

◎老年症候群　　◎運動器の機能向上　　◎膝痛・腰痛
◎筋力　　◎口腔機能の向上　　◎低栄養　　◎認知機能の低下
◎尿失禁

（執筆：大渕修一）

2 高齢者に多い病気と生活上の留意点（内科系）

　高齢者に多い病気について、その原因や症状、特徴を解説します。病気を抱える高齢者の生活上の留意点を理解するとともに、病気を予防したり、進行を遅らせることが大切です。
　ここでは、
　① 　生活習慣病
　② 　脳神経系の病気
　③ 　循環器系の病気
　④ 　呼吸器の病気
　⑤ 　肝臓・胆道系の病気
　⑥ 　腎・泌尿器の病気
　⑦ 　骨や関節の病気
　⑧ 　精神の病気
　⑨ 　眼と耳の病気
　⑩ 　皮膚の病気
について理解してください。

Ⅰ 生活習慣病

　病気の主な原因として、遺伝的影響に加えて、私たちの毎日の生活習慣である食事や運動、喫煙、飲酒が大きく関わっていることが知られています。そのような背景で発症する病気を「生活習慣病」と呼び、図表2－16に示す疾患があげられます。特に、高血圧、糖尿病、脂質異常症、喫煙は動脈硬化を起こしやすくする大きな危険因子です。さらに喫煙は、がんを引き起こします。これらの結果、日本人の死因の上位を占める脳血管疾患（脳卒中）、心臓病、がんは生活習慣と深く関わっています。

図表2－16　生活習慣と強い関連性のある疾患

生活習慣	強い関連性のある疾患
食 習 慣	インスリン非依存型糖尿病（2型糖尿病）、肥満症、脂質異常症（家族性を除く）、高尿酸血症、循環器病（先天性を除く）、大腸がん（家族性を除く）、歯周病など。
運動習慣	インスリン非依存型糖尿病（2型糖尿病）、肥満症、脂質異常症（家族性を除く）、高血圧など。
喫 煙	肺扁平上皮がん、循環器病（先天性を除く）、慢性気管支炎、肺気腫、歯周病など。
飲 酒	アルコール性肝疾患など。

1 高血圧

(1) 病態と分類

　血圧とは、動脈を流れている血液が血管の壁に及ぼす圧力のことです。血圧には、心臓が収縮しているときの収縮期血圧（最高血圧）と拡張しているときの拡張期血圧（最低血圧）があり、「収縮期血圧／拡張期血圧」と記します。単位は「mmHg」（ミリメートル水銀柱）です。高血圧の基準は、日本高血圧学会のガイドライン（図表２－17・図表２－18）で診察室血圧が140/90mmHg以上、家庭血圧が135/85mmHg以上、24時間自由行動下血圧（携帯型自動血圧計を用いる）が130/80mmHg以上とされています。血圧の値は運動や精神的緊張によって変動しやすいので、診察室血圧は日を変えて数回の測定を行って判断します。

　高血圧の90％以上は、原因が明らかでない本態性高血圧です。これに対して腎臓や副腎などに病気があり、血圧上昇の原因がはっきりしている場合を二次性高血圧といいます。本態性高血圧は過剰な塩分摂取、精神的・肉体的ストレス、肥満、喫煙などの環境因子が大きく関係しています。

(2) 高血圧の影響

　高血圧が長く続くと本来弾力に富んでいる血管の壁が肥厚し、硬くなります（動脈硬化）。高血圧の影響を受けやすい臓器は心臓、脳、腎臓、血管、眼です（図表２－19）。

(3) 治療と生活上の留意点

　食事をはじめとする生活習慣を見直し、改善することが第一です。塩分摂取は１日６ｇ未満が目標です（高齢者では最初から塩分制限を強くすると食欲低下を招くので、徐々に薄味に慣れてもらいます）。入浴は40℃位のぬるめとし、冬期は浴室や脱衣所を十分に

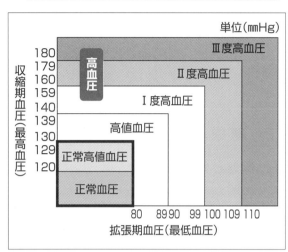

図表２－17　高血圧の基準（診察室血圧の場合）

出所：日本高血圧学会高血圧治療ガイドライン作成委員会編「高血圧治療ガイドライン2019」ライフサイエンス出版，P18，表2-5より改変

図表２－18　異なる測定法における高血圧の基準(mmHg)

	収縮期血圧		拡張期血圧
診察室血圧	≧140	かつ／または	≧90
家庭血圧	≧135	かつ／または	≧85
自由行動下血圧			
24時間	≧130	かつ／または	≧80
昼間	≧135	かつ／または	≧85
夜間	≧120	かつ／または	≧70

出所：日本高血圧学会高血圧治療ガイドライン作成委員会編「高血圧治療ガイドライン2019」ライフサイエンス出版，P19，表2-6より転載

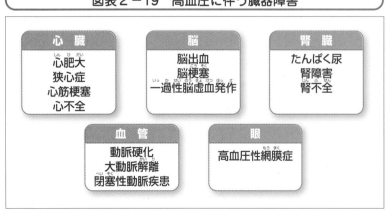

図表２－19　高血圧に伴う臓器障害

心臓
心肥大
狭心症
心筋梗塞
心不全

脳
脳出血
脳梗塞
一過性脳虚血発作

腎臓
たんぱく尿
腎障害
腎不全

血管
動脈硬化
大動脈解離
閉塞性動脈疾患

眼
高血圧性網膜症

暖めておきます。野菜や海藻などでカリウムを多く摂ります（カリウムは体内の塩分を排泄します）。排便で力むと血圧の上昇を招くので便秘を予防します。十分な睡眠と休養、禁煙（たばこは血管を収縮させます）、適度な飲酒、肥満の解消（減量により血圧が低下します）、適度な運動が必要です。

　生活習慣の改善を試みても血圧が十分に下がらない場合は、降圧薬による治療を行います。しかし、高齢者では降圧薬で急に血圧を下げると臓器の循環障害が生じたり、活動性が下がったりするので、少量ずつ、時間をかけて投与するのが原則です。

2 糖尿病

(1) 病態と分類

　膵臓から分泌されるインスリンの作用不足によって、高血糖や代謝の異常が起こり、放置するとさまざまな合併症を起こす病気です。中高年に多く、食事や運動などの生活習慣が関係する「2型糖尿病」と、若い人に多く、極度にインスリン分泌が不足する「1型糖尿病」があります。糖尿病の診断は、空腹時や随時の血糖値、HbA1c（グリコヘモグロビン）の日本糖尿病学会基準値（図表2-20）や眼の網膜症の有無に基づいて診断します。

図表2-20　糖尿病の診断基準

①　血糖値（空腹時血糖126mg/dl以上、または75g糖負荷試験の2時間値200mg/dl以上、または随時の血糖200mg/dl以上）

②　HbA1c 6.5%以上

③　糖尿病の典型的症状または確実な糖尿病網膜症

・①かつ②、①かつ③、①かつ①（再検査でも可）の場合、糖尿病と診断する
・①または②の一つのみがあてはまる場合はなるべく1か月以内に再検査を行い、それでも糖尿病型でない場合は、糖尿病の疑いとして3〜6か月以内に血糖値、HbA1cを再検査
・②のHbA1cのみが2回あてはまる場合も糖尿病の疑いとして3〜6か月以内に血糖値、HbA1cを再検査

出所：日本糖尿病学会編・著「糖尿病治療ガイド2022〜2023」, P26, 文光堂, 2022　を基に作成

(2) 症状、合併症

　高血糖になると口渇、多飲、多尿、体重減少などの症状が出ます。さらに進行すると神経、腎臓、眼の網膜の障害が出現します。しかし、高齢者ではこれらの症状や障害があっても訴えに乏しい場合があります。また、感染症や歯周病にかかりやすくなり、高血糖により意識障害（昏睡）を起こすこともあります。

(3) 治療と生活上の留意点

　治療は血糖値をできるだけ正常近くに下げることです。そのためには食事療法と運動療法が基本になります（図表2-21・図表2-22）。食事療法は身長、体重、身体活動量からエネルギー摂取量を決めます。高齢者の場合、1日あたりのエネルギー摂取量は標準体重（kg）×25〜30kcalとなります。

　食事療法はバランスのとれた食事を摂ることと、間食や甘い飲み物などの食習慣を改善することが大切です。

図表2-21　糖尿病の食事療法

①　適正な摂取エネルギーを計算する
標準体重（身長（m）×身長（m）×22）×身体活動量 身体活動量の目安 　軽い労作（デスクワーク、一般高齢者）　25〜30kcal 　普通の労作（立仕事が多い職業）　30〜35kcal 　重い労作（力仕事が多い職業）　35kcal〜 　（運動療法ができる高齢者では27〜28kcal） 　（肥満の人で減量を試みる人は25kcal）
②　適正な食事のバランス
糖質、たんぱく質、脂肪のバランス……脂肪からのエネルギー量は全体の20〜25％に、ビタミン・ミネラルを十分摂る、塩分を減らす（1日6g未満）、コレステロールや飽和脂肪酸を含む食品を控えめに、食物繊維を摂る（1日20〜25g）
③　食習慣の是正

　運動は、インスリンの働きをよくするので歩行などの有酸素運動を行うことが推奨されます。膝や腰の痛みがある場合は、プールでの水中歩行などが勧められます（図表2-22）。

図表2-22　糖尿病の運動療法

①進め方
まずメディカルチェックを受けて運動療法の可否を確認する。その後、個人の基礎体力・年齢・体重・健康状態を踏まえて運動量を決める。患者の好みにあった運動を取り入れるなど、運動の楽しさを実感できるように工夫していくことがよい。
②運動の種類と強度
ややきつい中等度の全身を使った有酸素運動（歩行、ジョギング、水泳など）。レジスタンス運動（筋肉トレーニング：腹筋、腕立て伏せ、スクワットなど）。水中歩行は有酸素運動とレジスタンス運動の両方を行うことができ膝への負担が少ない。高齢者ではバランス運動（片足立位保持、ステップ練習など）も生活機能の維持・向上に有用。
③運動時間と頻度
持続時間は20分以上がよい。中等度の有酸素運動は週に150分以上、3回以上。レジスタンス運動は連続しない日程で週2〜3回。歩行運動では1回15〜30分間、1日2回、歩数は1日約1万歩。
④その他注意点
運動の前後に約5分間の準備・整理運動を行う。運動に適した服装、クッションのあるウオーキングシューズがよい。

【日本糖尿病学会　編・著：糖尿病治療ガイドライン2022-2023、P53、文光堂、2022より作成】

　食事と運動で血糖値が改善しない場合は、血糖降下薬を服用するか注射によるインスリン治療が行われます。しかし、これらの治療を行ううえで食事や服薬、注射時間を守らないと低血糖や高血糖になったりすることがあります。低血糖は初期には冷汗、動悸、めまい、脱力などの症状が起こり、ひどくなれば意識障害から昏睡に至ります。常日頃から低血糖初期の症状を知っておいて、早めに飴やぶどう糖（10〜20g）を摂るようにアドバイスすることが大切です。意識障害を起こしたときは、医療機関を早く受診して低血糖か高血糖かの診断、治療を受けることが必要です。

3　脂質異常症

　血液中の脂質には、LDL（悪玉）コレステロール、HDL（善玉）コレステロール、中性脂肪などがあります。LDLコレステロールや中性脂肪は動脈硬化を引き起こし、HDLコレステロールは血管壁にたまったコレステロールを取り出し、動脈硬化を抑える働きがあります。

　その結果、LDLコレステロールや中性脂肪が高かったり、HDLコレステロールが低いと心筋梗塞や脳梗塞などを発症する危険性（リスク）が高くなります。日本動脈硬化学会より脂質異常症の診断基準（図表2－23）が示されており、この基準に該当するときは食事療法（図表2－24）や薬物治療を行います。

図表2－23　脂質異常症：スクリーニングのための診断基準（空腹時採血）*

LDLコレステロール	140mg/dL以上	高LDLコレステロール血症
	120～139mg/dL	境界域高LDLコレステロール血症**
HDLコレステロール	40mg/dL未満	低HDLコレステロール血症
トリグリセライド	150mg/dL以上	高トリグリセライド血症
non-HDLコレステロール	170mg/dL以上	高non-HDLコレステロール血症
	150～169mg/dL	境界域高non-HDLコレステロール血症**

*　　10時間以上の絶食を「空腹時」とする。ただし水やお茶などカロリーのない水分の摂取は可とする。
**　スクリーニングで境界域高LDL-C血症、境界域高non-HDL-C血症を示した場合は、高リスク病態がないか検討し、治療の必要性を考慮する。
●LDL-CはFriedewald式（TC－HDL-C－TG/5）または直接法で求める。
●TGが400mg/dL以上や食後採血の場合はnon-HDL-C（TC－HDL-C）かLDL-C直接法を使用する。ただしスクリーニング時に高TG血症を伴わない場合はLDL-Cとの差が+30mg/dLより小さくなる可能性を念頭においてリスクを評価する。
出所：日本動脈硬化学会「動脈硬化性疾患予防ガイドライン　2017年版」2017

図表2－24　脂質異常症の食事療法

① 　適正なエネルギーを摂る
　　エネルギーを摂り過ぎると、肝臓でのコレステロールの合成が促進され、余分なエネルギーは肝臓で中性脂肪に合成され、血液中の中性脂肪も高くなる。肥満の人の場合は、減量を心がける
② 　脂肪の量を減らして、動物性脂肪は控える
　　脂質からのエネルギー量は全体の20～25％とし、動物性脂肪は控える
③ 　コレステロールを多く含む食品を控える
　　食品から摂るコレステロール量は1日300mg以下にする。卵類、レバー、魚卵などの摂り過ぎに注意する
④ 　たんぱく質（魚・肉・大豆製品・卵など）を適量摂る
⑤ 　アルコール飲料を控える
　　アルコールは1日25g以下が適量
⑥ 　食物繊維を十分に摂る
　　野菜、海藻、きのこ類などを十分に摂る。野菜の1日の摂取量の目安は350g以上。そのうち半分を緑黄色野菜から摂取する
⑦ 　甘いものの摂り過ぎに注意する
　　甘いものは中性脂肪を増加させる。菓子類、嗜好飲料は控え、料理に使用する砂糖も少なめにする
⑧ 　塩分を控える

4　メタボリックシンドローム（内臓脂肪症候群）

　メタボリックシンドロームは心筋梗塞や脳梗塞の予防を目的として、どのような人がなりやすいかを知るために考えられた疾患です。肥満、とくに腹部の内臓に脂肪が蓄積する内臓脂肪型肥満（基準として腹囲を測定）に、中性脂肪、血糖、血圧が高い状態やHDLコレステロールが低い状態が重なると動脈硬化による病気のリスクが高くなります（図表2－25）。そのため食事、運動といった生活習慣を改善し、肥満を解消することが重要です。食事療法は脂質異常症に準じます。

図表2－25　メタボリックシンドロームの定義（メタボリックシンドローム診断基準検討委員会）

腹囲85cm以上の男性または腹囲90cm以上の女性で、

① 空腹時血糖が110mg/dl以上
② 収縮期血圧130mmHg以上かつ/または拡張期血圧85mmHg以上
③ 中性脂肪150mg/dl以上かつ/またはHDLコレステロール40mg/dl未満
　の3項目のうち2つ以上が該当する

5　高尿酸血症、痛風

　肥満、アルコール摂取、プリン体の多い食事、ストレスなどの要因が高尿酸血症を引き起こします。尿酸（老廃物の一種）はプリン体から毎日、体内で1日約700mg作られ、尿の中に排泄されます。食事からのプリン体摂取は尿酸にして300～400mgになります。高尿酸血症を放置すると過剰な尿酸が関節で結晶化して、足の親指

図表2－26　痛風や高尿酸血症の食事の注意点

① プリン体を含む食品を控える
② アルコール飲料を控える
③ 尿をアルカリ性にする食品を摂る
④ 脂肪を摂り過ぎない
⑤ 水分を十分に摂る

の関節に激しい痛み、発赤、腫脹を伴う発作が起こります。これが痛風です。図表2－26に食事の注意点を示します。最近では食事でプリン体を厳しく制限するよりも、体内での生成を抑えるほうが有効であると考えられるようになっています。

6　脂肪肝、アルコール性肝疾患

　脂肪肝、アルコール性肝疾患は、生活習慣病に位置づけられる慢性肝疾患です。

(1)　脂肪肝

　中性脂肪が肝細胞に多く蓄積した状態であり、その原因の多くは栄養過多（肥満）とアルコール摂取です。脂肪肝はこれまで良性の病気で、肝硬変には進行しないとされてきましたが、非アルコール性脂肪肝の一部は肝硬変、肝がんに進行することが近年わかってきました。この病態を非アルコール性脂肪肝炎（NASH）といいます。NASHは肥満、糖尿病、高中性脂肪血症を伴うことが特徴で、メタボリックシンドロームが肝臓に現れたということです。

　アルコール摂取制限のほか、メタボリックシンドロームと同様に、減量、適正なエネルギーの食事、定期的な運動が大切です。

(2) アルコール性肝疾患

多量の飲酒を長期に続けていると肝細胞が障害されて、アルコール性肝障害が起こります。悪化すると慢性肝炎、肝硬変、慢性膵炎や栄養障害を起こします。アルコール依存症の場合は脳の萎縮や認知能力の低下、酩酊時のふらつきによる頭部打撲などの問題も起こります。

7　喫煙と関連する疾患

たばこの煙には200種類以上の有害な物質が含まれています。それらのなかでニコチンは血管を収縮させて血液の流れを悪くします。タールは数十種類近くの発がん性物質を含み、一酸化炭素は酸素を運搬する血液の働きを妨害し、全身の細胞の酸素欠乏状態をもたらします。その結果、喫煙は呼吸器疾患や肺がんのみならず、動脈硬化を促進して脳卒中や虚血性心疾患（心筋梗塞、狭心症）を起こしやすくします（図表2-27）。また胃潰瘍や歯周病の原因にもなります。

喫煙による発がん性物質は体内に吸収されて全身の臓器に分布するため、多くの臓器にがんを引き起こし、死亡の危険性が高まります。一方、喫煙者自身だけでなく、周囲の人にとってもたばこの煙を吸うことにより（受動喫煙）、肺がんや虚血性心疾患になる危険性が高くなります。禁煙を10年以上続ければ、がんや虚血性心疾患になる危険性は確実に低くなります。

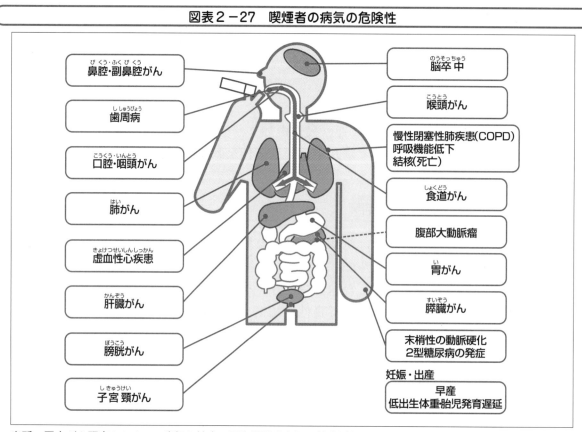

図表2-27　喫煙者の病気の危険性

出所：国立がん研究センター　喫煙と健康　厚生労働省喫煙の健康影響に関する検討会報告書（平成28年8月）)

Ⅱ　脳神経系の病気

1　脳血管疾患（脳卒中）

(1) 分類

大きく分けて脳梗塞、脳出血、くも膜下出血があります。

脳梗塞とは脳へ栄養を送る動脈に血液のかたまり（血栓）が詰まって、その動脈により支配されている脳組織の細胞が死んでしまう病気です。脳梗塞の原因としては、動脈硬化により、もともと細くなっていた血管が詰まる脳血栓と、心臓やほかの血管から血液のかたまりが流れて脳の血管に詰まる脳塞栓があります。

脳出血は脳の動脈が破れ、吹き出た血液のかたまり（血腫）が脳組織の細胞を圧迫破壊する病気です。

くも膜下出血は脳動脈瘤と言われる血管のふくらみが突然破裂して脳を外側から圧迫する病気です。死亡率の高い病気です。

(2) 原因（危険因子）

主に動脈硬化の危険因子である肥満、高血圧、糖尿病、脂質異常症、喫煙があげられます。脳出血は主に高血圧が原因ですが、高血圧の治療の普及により以前より発症は減少しています。代わりに糖尿病、脂質異常症の患者の増加により脳梗塞が増加しています。また、高齢者の増加に伴い、心房細動という不整脈が増えています。その不整脈により心臓の中で血栓ができやすくなり、脳塞栓が増えています。

(3) 症状、特徴

障害が大きいと頭痛、嘔吐、意識障害を起こします。障害された脳血管の場所により左右どちらかの手足のマヒやしびれが起こります。また、話しにくくなることもあります。

脳梗塞のなかの脳血栓は寝ている間に起こりやすく、「朝起きたら手足がよく動かなくなった」というのが典型的です。また、脳梗塞を起こす前に、数分で治るマヒ症状（一過性脳虚血発作）などを経験することも多いのが特徴です。一方、脳出血や脳塞栓は活動時に起こり、急速に手足のマヒや意識障害が起こります（図表2－28）。

くも膜下出血は、突然経験したことがないようなひどい頭痛が起こり、嘔吐や意識障害をきたします。

図表2－28　脳血管疾患の鑑別

	脳梗塞（脳血栓）	脳出血
一過性脳虚血発作の既往	しばしばあり	なし
好発時間	休息時に起こることが多い	活動時に起こることが多い
神経症状	片マヒなどの局所神経徴候を示すが、意識障害は起きないことが多い	神経症状は急速に進行し、意識障害が起こることが多い

(4) 生活上の留意点

脳卒中にならないためには、先に述べた高血圧や動脈硬化の危険因子の予防、治療が大切です。手足のマヒや話しにくいなどの症状が出たら、まず医療機関を早く受診して診断と治療を受けることが必要です。

2　パーキンソン病

(1) 原因

脳の黒質という部位を中心に変性（細胞や組織が変化すること）がみられ、神経伝達物質であるドーパミンの減少が明らかとなっていますが、その原因は不明です。

(2) 症状、特徴

50〜65歳での発症がもっとも多く、20年から30年の経過で徐々に症状は進行します。よくみられる症状としては、筋固縮（筋肉のこわばりにより手足や身体が硬くなる）、無動（動きが止まってしまう、あるいは動きにくくなる）、振戦（手足が震える）、姿勢反射障害（バランスが悪くなる、突進歩行、体の向きを変えることが難しい）があります。このほか、自律神経障害（便秘、起立性低血圧など）や精神症状（認知障害、幻覚、抑うつなど）がみられます（図表2−29）。

図表2−29　パーキンソン病の主な症状

4大徴候	その他の症状
筋固縮	嚥下障害
無動あるいは寡動	幻覚
振戦	認知障害
姿勢反射障害	便秘
	起立性低血圧など

(3) 治療と生活上の留意点

ドーパミン補充薬をはじめとした多彩な薬物治療が可能となっていますが、長期的に使用していると効果が減弱してきたり、効果が変動したりする現象がみられます。専門医による薬物の調整が適宜必要です。

日常生活では、移動時の転倒に注意が必要です。無動のために1歩目の足を出すことが困難なので、転倒しないように注意しながら声かけなどで1歩目を出しやすくする工夫が必要です。

便秘になることも多いので、食事内容や水分摂取に注意しながら、下剤も適宜必要です。進行すると嚥下障害も出てくるので、食事形態の検討も必要となります。

Ⅲ　循環器系の病気

1　虚血性心疾患

(1) 分類

心臓は、血液を全身に送り出すポンプの働きをしています。その心臓の筋肉（心筋）に血液を供給する血管を冠状動脈（冠動脈）といいます（図表2−30）。

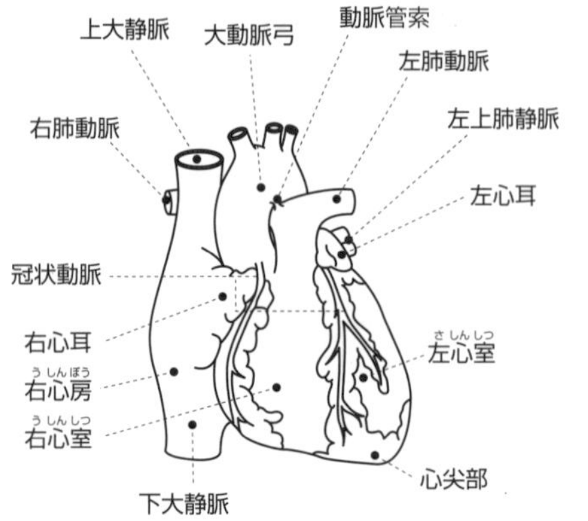

冠動脈が狭くなり、心筋に十分な血液と酸素が供給できない状態を心筋虚血と呼びます。一般に胸痛と心電図異常を伴います。数分以内の一過性の心筋虚血で、心筋が壊死（心筋細胞の死）を起こしていない場合を狭心症といいます。虚血が30分以上におよび、その結果、心筋が壊死に陥った状態を心筋梗塞といいます。これらを総称して虚血性心疾患と呼びます。

図表2−30　心臓の構造

　近年、不安定狭心症（胸痛発作の頻度や持続時間が増えたり、安静時に起こる場合）や急性心筋梗塞は冠動脈内腔のプラーク（粥腫）が破れた所に急激に血栓が生じ、内腔が閉塞することが明らかとなりました。不安定狭心症と急性心筋梗塞の違いは、血栓により冠動脈内腔が完全に閉塞したか、不完全に閉塞したかの違いであり、ともに緊急の治療が必要なため両者を急性冠症候群（ACS）と呼びます（図表２−31）。

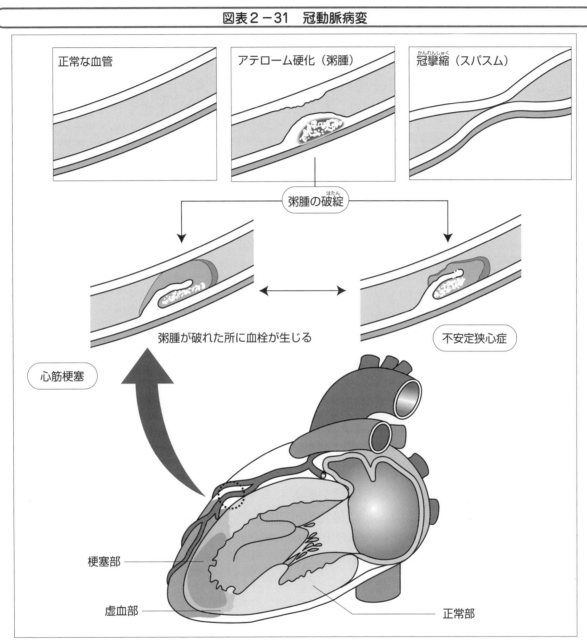

図表２−31　冠動脈病変

正常な血管

アテローム硬化（粥腫）

冠攣縮（スパスム）

粥腫の破綻

粥腫が破れた所に血栓が生じる

心筋梗塞

不安定狭心症

梗塞部

虚血部

正常部

出所：山科章ほか「心臓・血管病アトラス　第５版」協和企画，2013　一部改変

⑵　症状、特徴

　一般に胸骨中央の絞扼感（しめつけられるような痛み）、圧迫感として訴え、しばしば左腕や頸部、心窩部（みぞおちの部分）への放散（痛みが周辺に広がる）を伴います。狭心症には主要な冠動脈の75％以上の狭窄（冠動脈の血管が細くなっていることで、もとの血管の太さの75％以上が狭くなっている状態）により労作（坂道や階段昇降、食事）に

よって起こるタイプと、夜間や早朝の安静時に起こるタイプがあります。安静時に起こるタイプのなかには冠動脈に狭窄がない冠攣縮（スパスム）があります。通常、安静やニトログリセリン錠の舌下投与（口腔内へのスプレー噴霧剤もあります）で胸痛は数分以内に消失します。

　急性心筋梗塞は、安静やニトログリセリン錠舌下投与でも軽快しない持続する胸痛ですが、高齢者では典型的な胸痛を訴える例は加齢とともに減少します。これは脳血管疾患や認知症を有していたり、意識障害のため胸痛を正確に訴えられなかったり、すでに心不全を発症して呼吸困難やショックを生じたりするためです。高齢者では女性が多く、冠動脈の多枝病変（複数の枝が75％以上の狭窄）や糖尿病、脳や腎などの他臓器障害の合併も多いため、予後は不良（病気の経過予測が悪く、治療の経過が良くない状態）となります。しかし、できるだけ発症早期に検査、治療が受けられる病院に搬送すれば、救命できる可能性も高くなります。

（3）　生活上の留意点

　胸痛や心筋梗塞の再発作を起こさないようにすることが大切です。日常生活においては、ストレスをためない、十分に睡眠をとる、入浴はぬるめのお湯で短めの時間にする、たばこはけっして吸わない、便秘にならないようにします。服薬は大事な薬が多いので飲み忘れないようにします。ニトログリセリン錠は発作時にすぐ舌下投与できるように、保管場所や外出時の携帯の確認が必要です。

2　心臓弁膜症

（1）　分　類

　心臓には4つの弁（図表2-32）がありますが、弁の変形によって弁の作用が障害され、心臓の中の血液の流れに異常を生じたものを弁膜症といいます。閉鎖不全（逆流）症と狭窄症があります。高齢者では、動脈硬化性の大動脈弁狭窄症および閉鎖不全症と、退行変性や虚血性心疾患に関係した僧帽弁閉鎖不全症が増加します。

（2）　症状、特徴

　診断には、逆流や狭窄による心雑音を聴取しますが、無症状の場合は健康診断などの際に指摘されることもあります。心臓超音波検査で部位や重症度が診断できます。中等度以上の弁膜症では、活動時に動悸や呼吸困難の心不全症状があります。大動脈弁狭窄症では、重症になると心不全症状以外に失神、胸痛を生じたり、突然死の原因になります。

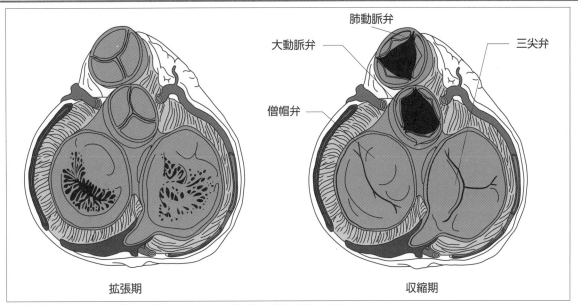

図表２−32　心臓の弁（心房と大血管を取り除いて上から見たところ）

肺動脈弁
大動脈弁
三尖弁
僧帽弁

拡張期　　　　　　　　　収縮期

出所：山科章ほか「心臓・血管病アトラス　第５版」協和企画，2013

3　心不全

(1)　病態と原因

　心臓の働きが低下して血液の循環が悪くなり、身体のいろいろな部分に症状が出る状態が心不全です。急激に悪化する場合（急性心不全）と、悪いなりに状態が安定している場合（慢性心不全）があります。

　原因としては虚血性心疾患がもっとも多く、高血圧、弁膜症、心筋症、先天性心疾患などがあります。あらゆる心疾患の最後には心不全になります。心不全を起こす誘因には、呼吸器感染、塩分過剰摂取、心筋虚血、不整脈、貧血、薬物関連などがあります。高齢者に多く、しばしば入院の原因になります。

(2)　症　状

　初期は、坂道や階段を上がるときや重い物を持ったときの息切れ、疲れ、倦怠感、動悸などが認められます。下肢のむくみもあります。症状が進行してくると、あおむけに寝ると息苦しさを感じ（身体を起こすと楽になります）、喘息のような喘鳴音が聞かれます。高齢者では食欲不振や悪心（吐き気）、嘔吐の消化器症状、意識障害や不穏の精神症状（時間や場所などの認識が困難で、会話や行動のまとまりがない場合や幻覚など）、活動性の低下が現れることもあります。

(3)　治療および生活上の留意点

　急性心不全では、速やかな入院治療を必要とします。慢性心不全では、原因疾患や合併症（誘因）に対する治療、薬物治療（体内の塩分や水分を除去する利尿薬、心臓の負担を減らす血管拡張作用のある薬など）、食事療法（塩分、カロリー制限）を行います。さらに服薬指導や生活指導も行います。とくに入院を繰り返す場合は、食事、服薬、過度の運動、ストレス、飲酒の確認や独居などの社会的背景の検討も必要です。

4　不整脈

心臓が規則正しく打つには、右心房の洞結節（一定のリズムを作る部分）で発生した電気刺激が、刺激伝導系と呼ばれる特殊な心筋組織を通って心房内、房室結節を経て心室に規則正しく伝わることが必要です（図表2−33）。不整脈は、このいずれかが不調となって起こります。高齢者で多い不整脈は、心房細動や洞不全症候群です。

不整脈による一般的な症状は動悸ですが、危険な症状は一過性の意識消失発作（失神）やめまい、けいれんです。この病態をアダムス・ストークス症候群といい、洞停止（洞結節でリズムが作られないこと）、高度房室ブロック（房室結節で伝導

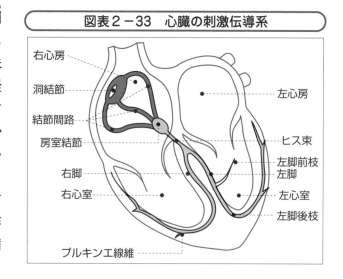

図表2−33　心臓の刺激伝導系

右心房／洞結節／結節間路／房室結節／右脚／右心室／左心房／ヒス束／左脚前枝／左脚／左心室／左脚後枝／プルキンエ線維

が途切れて心室に伝わらないこと）、心室細動による心停止と、脈が急に速くなる上室性、心室性頻拍が含まれます。

洞停止、高度房室ブロックの場合は、心臓ペースメーカーを植え込む手術が行われます。心室細動の場合は心臓マッサージによる心肺蘇生と速やかな除細動（電気ショック）が必要です。除細動の必要性を判断できる自動体外式除細動器（AED）があれば、医師の指示なしに使用できます（図表2−34）。

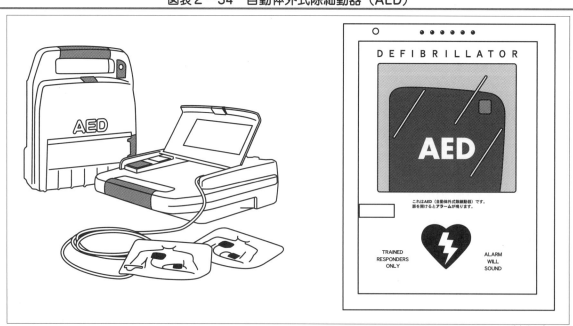

図表2−34　自動体外式除細動器（AED）

心房細動は全く不規則な脈で（絶対性不整脈ともいいます）、毎分140以上の頻脈が続くと短時間で心不全になることがあります。また、心房細動は心房の中で血栓を作りやすく、それが遊離して脳の血管に入って詰まると大きな梗塞を生じます。この病態を心原性脳塞栓

第6章−2

2　高齢者に多い病気と生活上の留意点（内科系）

症といいます。その予防には、抗凝固薬であるワルファリンが投与されます。ワルファリンは効きすぎによる出血に注意が必要です。また、納豆や青汁の摂取でワルファリンの効果は弱くなるため、食事にも注意が必要です。最近、食事の影響を受けない新しい抗凝固薬も使われています。

Ⅳ　呼吸器の病気

1　喘息

　日本人成人の約10％に喘息患者を認めます。喘息患者全体では14歳以下、65歳以上が各々約30％と高齢になって発症することもあります。症状は発作的に起こる喘鳴と呼吸困難ですが、軽い場合は咳だけのこともあります。発作はハウスダスト、ダニ、植物などのアレルゲン、冷気などの刺激で起こり、労作時や風邪などの感染症合併時、夜間や早朝にも起こりやすいです。

　治療は、原因物質や誘因を避けることです。特に、カーペット、ふとん等の寝具類、植物、ペットの毛などの居住環境にも注意します。薬物治療としては、副腎皮質ステロイドホルモンの吸入と気管支拡張薬があります。ステロイド吸入薬を毎日欠かさず使用することで、発作を予防できます。

2　慢性閉塞性肺疾患（COPD）

　以前は、肺気腫、慢性気管支炎と呼ばれていた病気です。長期間の喫煙によって、気管支の慢性炎症や肺胞の破壊が起こり、気管支の狭窄と肺の弾性が失われる病気です。喫煙者の約20％が高齢になって発症します。症状は咳、痰、労作時の呼吸困難です。喘息との大きな違いは、気道の狭窄がある程度固定化していることです。

　治療としてもっとも大事なのが禁煙です。薬物療法は気管支拡張薬が中心で、喘息と重複しますが、COPDでは抗コリン薬の吸入がより有効です。労作時の呼吸困難により日常生活

図表2-35　口すぼめ呼吸と腹式呼吸

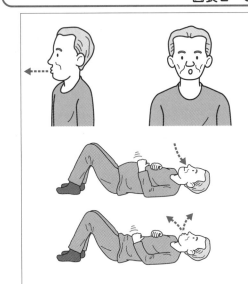

口すぼめ呼吸：口笛を吹くようにして、ゆっくりと息を吐き出すことで気管支（空気の通り道）を広げ空気を通りやすくする方法。
① 軽く口を閉じて鼻から息を吸い込みます（2秒くらい）。
② 口をすぼめた状態で口から息をゆっくり吐き出します（4秒くらい）。

腹式呼吸：この呼吸方法は、横隔膜（息をするときに一番大切な筋肉）の動きをよくし、効率よく呼吸をする方法です。
① 平らなところに横たわり、仰向けに寝ます。左手は腹部に、右手はみぞおちのところに置きます。
② 息をゆっくり鼻から吸って、お腹が盛り上がってくるように膨らまします。みぞおちに置いた手でお腹が膨らむのを確かめながら練習します。
③ 口をすぼめた状態で口からゆっくり息を吐き出し、お腹をへこまします。

動作（ADL）の低下を招きやすいので、口すぼめ呼吸や腹式呼吸を指導します（図表2－35）。また、低栄養になりやすく体重も減少するので、栄養管理も重要です。風邪などを契機に急性増悪をきたすことがあるので、呼吸数の増加、浮腫（むくみ）、チアノーゼ、意識障害などがみられたら早く医療機関を受診する必要があります。

3　肺炎

　高齢者は肺炎になると死亡率が非常に高くなります。原因菌として、肺炎球菌、インフルエンザ桿菌など、健常者の口腔内や鼻腔内に常にある菌であることが多いです。これらの細菌が肺炎を起こす理由として、次の2つが考えられます。第1は風邪をひいてウイルスが気管支粘膜を傷害すると細菌が侵入しやすくなります。そして糖尿病や心臓の病気、COPDなどがあると肺炎になりやすくなります。第2は、加齢、脳卒中などで嚥下機能に障害が起きれば、飲食物と一緒に口腔内の細菌が気管支内に飲み込まれ（誤嚥）、肺炎になりやすくなります。誤嚥が原因で起こる肺炎を誤嚥性肺炎といいます。

　高齢者の肺炎予防で重要なのは風邪と誤嚥の予防です。インフルエンザワクチンや肺炎球菌ワクチンの接種も有効です。口腔ケア、摂食時および食後の体位の工夫、食事形態の工夫などが誤嚥の予防に重要です。

4　呼吸不全

　COPD、肺結核後遺症などの患者では、病気の進行や加齢による筋力低下で呼吸困難が強くなり日常生活に支障をきたします。呼吸機能障害があると、動脈血の酸素や二酸化炭素の値が異常になり、正常な身体機能を営むことができなくなります。

　この状態を呼吸不全と呼びます。通常、強い低

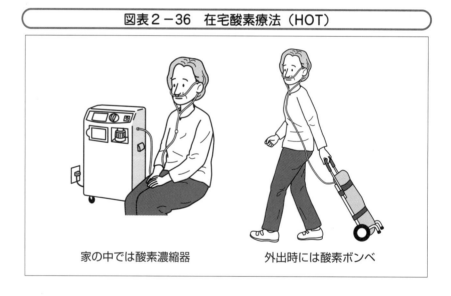

図表2－36　在宅酸素療法（HOT）

家の中では酸素濃縮器　　　外出時には酸素ボンベ

酸素状態（酸素飽和度で90％以下＝血液中にどの程度酸素が含まれているかを示します。血液中のヘモグロビンのうち、酸素を運んでいるものの割合）のため、常時酸素吸入を必要とします。安定した呼吸不全患者には、在宅酸素療法（HOT）を行います。主な酸素供給装置として、酸素濃縮器、酸素ボンベがあります。外出時には酸素ボンベを専用のカートやリュックサックで携帯します（図表2－36）。

肝臓・胆道系の病気

1　急性肝炎

　A型、B型、C型のウイルスによる肝炎が大部分を占めます。一般に若年者に多く、A型肝炎は、生ものや飲み水から経口的に感染しますが、慢性化することはありません。B型肝炎は、血液を介して感染しますが、成人では一過性感染で終わることが多く、保菌者となり慢性化することはほとんどありません。C型肝炎は、血液を介して感染し、多くは慢性肝炎に移行します。高齢者ではA型、B型肝炎の発生頻度は高くありませんが、C型肝炎は、手術などで輸血の機会が増えるため多くみられます。高齢者では黄疸が初発症状であることが稀ではありません。

2　慢性肝炎、肝硬変

　ウイルス性肝炎の状態が6か月以上続いた状態を慢性肝炎といいます。高齢者の慢性肝炎はほとんどC型です。C型は高率で慢性化し、20〜30年以上を経て肝硬変、肝がんを発症する可能性があります。

　肝硬変は慢性炎症で肝細胞が壊れ、それが線維に置き換わって硬くなった状態をいいます。ウイルス性肝炎以外に、長期にわたる大量のアルコール摂取でも起こります。肝硬変になると肝臓内部の血液循環に異常が生じ、肝臓の働きが果たせなくなります。悪化すると肝がんの合併や、黄疸、消化管出血、肝性脳症、腹水などの症状が出現し、予後不良となります。

3　胆石症、胆囊炎

　胆石とは、胆囊や胆管にできる結石（石）のことをいいます。胆石症は高齢者に多くみられますが、大部分は無症状です。無症状のまま経過する症例に対しては、特に治療の必要はありません。一方、急性あるいは慢性胆囊炎に伴って胆石症の症状が出現することがあります。主な症状は、発熱、上腹部痛、黄疸です。胆囊胆石に比べて、胆汁の流れる管にできる胆管結石のほうが症状も出やすく、症状の程度も強くなります。日常生活では脂肪分の多い食事を控えます。

Ⅵ　腎・泌尿器の病気

1　慢性腎臓病

　腎疾患は、病態、原因がさまざまであるため、近年、原因疾患に関わらず慢性腎臓病（CKD）という概念が普及しました。「尿蛋白陽性などの腎疾患の存在を示す所見」もしくは「腎機能低下」が3か月以上続く状態がCKDと定義されます。腎機能を糸球体濾過量（GFR）で表し（腎臓にどれくらい老廃物を尿へ排泄する能力があるかを示す）、その値で「病

期１」から末期腎不全・透析期の「病期５」まで分類されます。

　尿蛋白陽性の人は陰性の人の２倍以上のスピードで腎機能が低下します。糖尿病、高血圧、脂質異常症、メタボリックシンドローム、肥満などの生活習慣病を放置したり、治療が不適切であったりすると、慢性腎臓病になりやすいので注意が必要です。また、高齢者はすでに生理的に腎機能が低下しているので、鎮痛剤の服用や脱水により腎機能障害を起こしやすいので注意が必要です。

2　前立腺肥大症

　前立腺は膀胱の直下にある尿道を囲むクルミ大の臓器で、前立腺の尿道近接部から発生する良性腫瘍が前立腺肥大症です（**図表２-37**）。50歳以上の男性の約25％に存在します。通常、尿が細くなり、勢いが衰える、残尿、排尿時間の延長などの尿道圧迫による閉塞症状があります。悪化すると急性尿閉（排尿困難）を起こします。また、膀胱の出口を刺激することによる尿意切迫感、頻尿、力んだ時に尿が漏れる尿失禁などの症状もあります。

　診断は、肛門から指を挿入して前立腺を触る直腸内指診で、大きさ、硬さ、硬結（しこり）、中心溝を調べて肥大やがんを診断します。男性では60歳前後になると多少の排尿障害が出ることがありますが、治療を必要とするのは排尿障害のある人の約30％です。高齢男性の生活上の注意点としては、①寒さに対する下半身の保温と入浴、②飲酒（急性尿閉を起こすことがあります）、③風邪薬の服用（含まれる薬の成分で排尿状態が悪化することがあります）です。

図表２-37　前立腺肥大症の発生部位と前立腺がんの発生しやすい部位

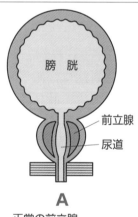

A
正常の前立腺
大きさ：クルミ大
硬結：なし
側溝状態：境界鮮明
直腸面：表面平滑
正中溝：触知
硬度：弾性硬

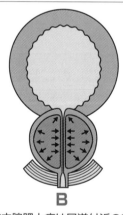

B
前立腺肥大症は尿道付近の部分（内腺）が肥大するため、辺縁部の被膜（外腺）は薄くなり、尿道は肥大した前立腺により圧迫されて、排尿困難症状が出やすい。

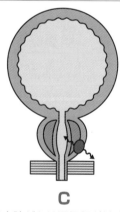

C
前立腺がんは辺縁部（外腺）から発生するため、尿道閉塞症状は出にくい。

3　前立腺がん

　前立腺がんになりやすい人は、高齢者以外に欧米型の生活環境や食生活のほか、性活動が活発な男性です。前立腺肥大とは異なり、尿道から離れた辺縁部（外腺）から、がんが発生するため、閉塞症状が出現したときは、がんが周囲に広がっている可能性があります。そのため、検診等で腫瘍マーカーの血清PSA検査を行うことにより、早期診断ができます。また前立腺がんは骨へ転移することもあるので、痛みを訴えたり骨折もしやすくなります。

Ⅶ　骨や関節の病気

1　骨粗鬆症

(1)　原因、症状

　骨量が低下して骨が脆くなり、骨折しやすくなる病気です。老化に伴う場合は、遺伝、カルシウム摂取不足、ビタミンD不足、運動不足、女性の場合は、閉経後のエストロゲンの低下が原因と考えられています。

　病気や薬による場合は甲状腺や副甲状腺のホルモン異常やステロイドの服用によります。骨粗鬆症自体では症状は出ませんが、骨折してはじめて痛みの症状が出現します。脊椎圧迫骨折の場合は、急性期では腰背部痛、慢性期では腰部の重圧感、円背*（亀背）があります。大腿骨頸部骨折では、大腿部疼痛、歩行障害が出現します。

＊円背：背骨（特に胸椎の部分）の後わんが強くなり、背中が丸くなった状態。

(2)　生活上の留意点

　食事療法では、カルシウムを1日に700〜800mg摂る必要があります。ほかに必要な栄養素や含有食品を図表2−38に示します。筋力、持久力を高め、転倒を予防する必要があります。脊椎圧迫骨折後ではコルセットを着用します。転倒を繰り返す場合は、ヒッププロテクター（転倒骨折予防パンツ）の着用により大腿骨頸部骨折を予防します。衝撃吸収クッションを内蔵したヒッププロテクターは、転倒の衝撃をやわらげます。

図表2−38　骨粗鬆症の予防のために必要な栄養素

栄　養　素	摂取目標量 （1日あたり）	含　有　食　品
カルシウム	700〜800mg	牛乳などの乳製品、小松菜、大豆製品、小魚など
ビタミンD	10〜20μg	きくらげ、サケ、うなぎ、サンマ、いさき、カレイなど
ビタミンK	250〜300μg	納豆、ブロッコリー、サニーレタス、キャベツなど
たんぱく質	1g/kg体重	肉、魚、大豆など

第6章—2

2　高齢者に多い病気と生活上の留意点（内科系）

2　変形性膝関節症

(1)　原因、症状

　中高年の女性に多くみられます。加齢に加えて肥満や膝周囲の筋力の低下のために膝関節表面の軟骨がすり減る（磨耗する）ことにより膝の痛みを生じます（図表2−39）。起立や歩行で痛みを訴えますが、階段昇降では昇るときよりも、降りるときのほうが痛みが強くなります。進行すると膝が完全に伸びなくなり、O脚になります。膝関節に炎症が起こると、膝にいわゆる「水」がたまります。

(2)　生活上の留意点

　膝に負担のかかることを避ける（杖をつくなど）、転倒の予防、正座を避ける、運動や歩行により、特に大腿四頭筋（大腿の前面にある筋）を強くする、肥満を避ける、膝を冷やさないことに留意する必要があります。

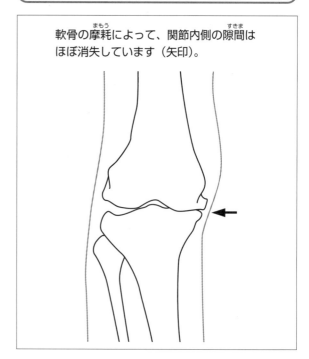

図表2−39　変形性膝関節症（右膝）の症状

軟骨の摩耗によって、関節内側の隙間はほぼ消失しています（矢印）。

3　変形性脊椎症

　背骨は一つひとつの小さな骨（椎骨）によって形作られています。椎骨同士を結びつけるのが、椎間板や椎間関節と呼ばれるものです。椎間板が狭くなったり、椎間関節の軟骨が傷んだり、薄くなったりするのが変形性脊椎症です。骨棘と呼ばれる骨のとげのようなものが生じます。直接の原因は、加齢による老化現象です。背中や腰の痛みがもっとも多い症状です。痛みが起こらないような姿勢や動作が大切です。動作はゆっくり、動く前に十分にストレッチを行います。

4　関節リウマチ

(1)　病態、原因

　主に小関節の滑膜＊の慢性炎症による骨破壊が全身に生じる病気です。中年女性に多くみられます。正確な原因は不明ですが、何らかの自己免疫機序（細菌などの異物が身体の中に入ってきたときに、それを駆逐する生体の防御機構）に異常が生じて起こるといわれています。

　＊滑膜：関節の内側に張られている、厚さ1ミリにも満たない薄い膜。ここに炎症を起こすのが滑膜炎で、関節リウマチの痛みや変形のもとになる。

(2) 症状、特徴

　多発性の関節炎で左右ほぼ対称に生じます。主な罹患関節は頸椎、膝、股、指、手、肘、肩です。朝、起床時の関節のこわばり、関節の痛みや発赤、腫れ、関節の動きの制限がみられます。進行すると関節が変形、拘縮し、歩行障害も生じます（図表２−40）。肺や腎臓にも障害が起きます。

(3) 治療と生活上の留意点

　炎症、痛みのコントロールと生活機能の改善が治療目標となります。薬物治療は主に鎮痛薬、ステロイド薬、免疫抑制薬が個々の病態に応じて投与されます。痛みの強い急性期は無理に関節を動かさず安静を保ちます。しかし、長期間の安静保

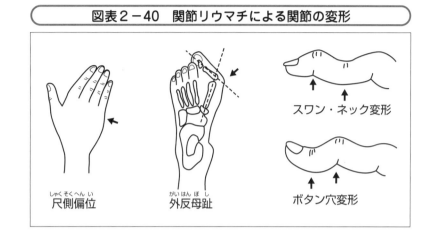

図表２−40　関節リウマチによる関節の変形

尺側偏位　　外反母趾　　スワン・ネック変形　　ボタン穴変形

持は関節が硬くなってしまうので、介護者は関節をゆっくり動かします。また、関節を適宜あたためることも大切です。

　留意点としては、歩行時の杖使用など関節への負荷の軽減を行い、転倒を予防します。食事や整容などのときには、自助具を使用すると動作が楽になります。関節の変形やステロイド薬の服用などにより、皮膚が弱くなるので清潔に保つことも大切です。

Ⅷ　精神の病気

1　老年期うつ病

(1) 原因、症状

　気分や意欲に関係する脳内の神経伝達物質系（セロトニン、ノルアドレナリン、ドーパミンなど）の機能低下といわれています。高齢者の場合は、脳血流低下や無症候性脳梗塞*との関連も考えられています。さらに本来の性格や高齢者特有の心理社会的要因（身体機能、疾病、経済状況、親しい人との死別など）も加わります。

　主な症状は、２週間以上持続する抑うつや活動性の減少ですが、高齢者では抑うつが目立たず、強い不安感や焦燥感を背景に訴えが多かったり、動悸、めまい、食欲不振など身体的訴えが目立つことが特徴です。また、認知症と間違われる状態になることもあります（図表２−41・図表２−42）。

　＊無症候性脳梗塞：CTやMRIなどの検査を受けた際、偶然に発見された症状のない小さな脳梗塞。そのほとんどは、高血圧が長く続いたことから脳の細い動脈が詰まったために起こる。

図表2-41 老年期うつ病の現れ方

① 抑うつ感が目立たず、強い不安感や焦燥感を背景に、「訴え」の多さが前面に出ることがしばしばみられる。
② 動悸、めまい、頭重、胃部不快、食欲不振、腰痛等、身体症状を訴えることが多い。
③ 集中力、注意力の低下から、認知症と間違えられるような状態を示すことがある（うつ病性仮性認知症）。
④ 身体的不調がうつ病発症や抑うつ症状の増悪のきっかけになるなど、身体的状態の影響を受けやすい。
⑤ 心気妄想（実際は問題ないにもかかわらず、重大な病気にかかり余命いくばくもないと確信する）、罪業妄想（取り返しのつかない過ちを犯したと確信する）、貧困妄想（財産を失って明日からの生活にも困る、路頭に迷うなどと確信する）などの妄想がしばしばみられる。

図表2-42 うつ病と認知症の鑑別

	う つ 病	認 知 症
発 症 の 仕 方	発症は週か月単位	緩やかで潜伏性、特定できても季節か年単位（例えば、"去年の春頃から"）
経 過	一貫して抑うつ気分がみられる	そのときによって気分と行動が変動する
症 状 の 訴 え 方	自分のもの忘れ、能力低下を強調する	もの忘れの自覚がみられることはあるが、社会生活や仕事に支障をきたしている自覚はない
質問に対する応答	はじめから「わかりません」と答える	答えられない質問に対してはぐらかしたりごまかしたりして取り繕う

(2) 生活上の留意点

まず休養をとることが大切です。気力が出ず、自分本来の活動ができないので、安易に励ますことは禁物です。抗うつ薬などの治療により、ある程度症状が改善すれば日常生活動作（ADL）の低下を防ぐために、家事や外出を勧めるなど活動を促すことも必要です。

2 神経症

(1) 原因、症状

明らかな身体的原因がなく、本来の性格とさまざまな心理社会的要因が絡み合って起こる病気です。高齢者では若年者でみられるようなパニック障害や強迫症、恐怖症は少なく、抑うつ気分と不安、心気症状が混在した状態が多くみられます。

心気症状とは、診察や検査で異常がないにも関わらず、重い病気にかかっているのではないかと不安にとらわれている状態です（例えば、頭痛があれば脳出血、腹痛があれば胃がんを心配する）。そのため、あちこちの医療機関を受診することがあります。また、鎮痛薬などの乱用もみられます。

(2) 生活上の留意点

不安や心配に対して、共感をもって受容することが大切です。抗不安薬を服用する以外に、少しでも症状を軽くする工夫や、気分転換法を考えます。環境整備も大切です。

Ⅸ 眼と耳の病気

1　白内障（しろそこひ）

　人間の眼には遠近調節を行うレンズがあり、水晶体と呼ばれています。水晶体は透明な組織ですが、中のたんぱく質が変性し、混濁した状態が白内障です。加齢が原因で起こります。糖尿病や外傷、他の眼の病気に合併したり、放射線、ステロイド投与でも起こります。霧視（かすみ）、羞明（まぶしく感じること）が主な症状です。

　点眼薬で水晶体の混濁の進行を遅くすることができますが、日常生活に支障をきたすようになれば手術を行います。混濁した水晶体の中身を除去し、残った空間に人工の眼内レンズを入れることで視力が回復します（図表2−43）。

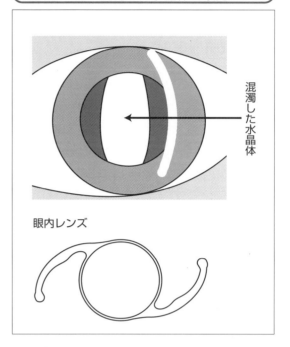

図表2−43　混濁した水晶体と眼内レンズ

混濁した水晶体

眼内レンズ

2　緑内障

　何らかの原因で視神経が障害されて視野（見える範囲）が狭くなる病気です。眼圧（眼の硬さ）の上昇がその原因の一つです。眼の中には房水と呼ばれる栄養を運ぶ液体が流れています。その房水の排出不良が原因で眼圧が上昇します。病気はゆっくり進行するため、一般に自覚症状はありません。しかし、急性の緑内障発作では、著しい眼圧の上昇により眼痛、頭痛、吐き気などの症状を伴います。進行すると失明することもあります。

　視神経の障害は元に戻らないので、病気の進行を抑えるためには眼圧を下げておくことが大切です。そのためには点眼薬、レーザー治療、手術があります。

3　加齢性難聴（老人性難聴）

　聴覚機能の老化が原因の聴力障害です。60歳を過ぎると高音域の聴力低下が認められ、進行すると全周波数領域で低下します。対応としては、補聴器を使います。補聴器には種類があるので、各個人にあった機

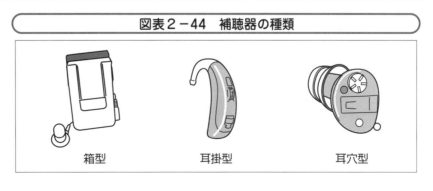

図表2−44　補聴器の種類

箱型　　　　耳掛型　　　　耳穴型

種の選定、装用の指導を受けることが大切です。また、高齢者の難聴は、ほかにも中耳炎、

聴神経腫瘍、騒音、薬物などでも起こるので、早期に耳鼻科で的確な検査を受けることも必要です（図表2－44）。

Ⅹ 皮膚の病気

1 皮膚掻痒症

皮膚の掻痒（かゆみ）には、部位が限られている場合と、皮膚症状がなく全身性にかゆみを訴える場合があります。全身性の場合は、薬や食物、糖尿病、肝硬変、慢性腎不全などの病気でも起こります。皮膚に原因がある場合は、高齢者では皮脂欠乏症によることが多く、皮脂分泌の減少による水分保持機能の低下と乾燥が原因です。

そのため、保湿を中心としたスキンケアが大切です。入浴時は熱い湯に入らない、タオルでゴシゴシこすらない、柔らかい布で石鹸をよく泡立てて洗う、保湿効果のある入浴剤を使用するなどです。尿素入り軟膏などの保湿作用のある外用剤は、入浴後の身体の温まっているときに塗ります。かゆみが強く湿疹ができているときはステロイド軟膏の使用や、抗ヒスタミン剤の服用が効果的です。

2 白癬症

真菌（カビ）による感染症で、免疫力の弱い糖尿病の患者や高齢者によくみられます。病変部をつまみとって、顕微鏡検査で真菌を確認します。

足白癬は「水虫」、身体にできると「タムシ」と呼ばれます。爪にも感染しやすく爪白癬といわれます（図表2－45）。

足白癬は趾間型（足の指の間）、小水疱型（小さな水ぶくれ）、角質増殖型（皮膚の角質が厚くなる）に分けられます。高齢者では角質増殖型が増え、足の裏全

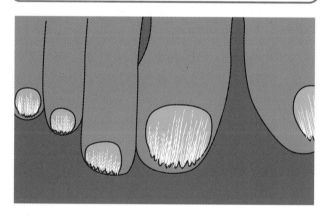

図表2－45　爪白癬

体の皮膚の肥厚、角化がみられますが、かゆみは少なくなります。抗真菌外用薬による治療が主ですが、爪白癬では抗真菌薬の内服を行います。足白癬では湿潤を避け、足を清潔に保ちます。

今後の学習のための キーワード

◎生活習慣病　◎高血圧　◎糖尿病　◎脂質異常症

◎メタボリックシンドローム　◎高尿酸血症　◎痛風

◎脂肪肝　◎喫煙　◎肺がん　◎脳梗塞　◎脳出血

◎くも膜下出血　◎パーキンソン病　◎狭心症

◎心筋梗塞　◎心臓弁膜症　◎心不全　◎不整脈

◎自動体外式除細動器（AED）　◎喘息

◎慢性閉塞性肺疾患（COPD）　◎肺炎　◎呼吸不全

◎慢性Ｃ型肝炎　◎肝硬変　◎肝がん　◎胆石症

◎胆嚢炎　◎慢性腎臓病　◎前立腺肥大症

◎前立腺がん　◎骨粗鬆症　◎変形性膝関節症

◎変形性脊椎症　◎関節リウマチ　◎老年期うつ病

◎神経症　◎白内障　◎緑内障　◎加齢性難聴

◎皮膚掻痒症　◎白癬症

（執筆：坂井誠）

〔参考文献〕
① 早川弘一「新版・心電図マニュアル」照林社，2004
② 早川弘一「臨床医のための心電図マニュアル」照林社，1987

理解度確認テスト（○×式）

第6章　老化の理解（15問）

問　題

Q1　老年期になると、加齢に伴う身体機能の低下や定年退職などによる社会的役割の喪失、家族との死別など「喪失」することばかりで、「獲得」できるものはない。

Q2　「尊厳の保持」は、介護保険法（第1条）にも謳われており、要介護状態となった場合でも、努めて尊厳を保持する必要がある。

Q3　老化に伴い、恒常性（ホメオスターシス）を維持する機能も低下する。

Q4　味覚は加齢に伴い減退するため、年齢が上がるにつれて味覚障害を訴える人が多くなる。

Q5　高齢になると、骨が脆くなって骨粗鬆症になりやすい。

Q6　高齢者の人格の特徴として、個人差はなく、頑固で自己中心的になるとともに、内向的になり用心深くなる。

Q7　身体を使わないことで機能が低下する廃用症候群（生活不活発病）は、老化によるものであり、生活機能の維持・向上は望めない。

Q8　膝痛・腰痛などの慢性期の痛みへの対応は、動かすことが良い方法である。

Q9　現在は、噛む力を必要としない食品も多いため、噛む力が低下しても低栄養になることはない。

Q10　高血圧への対応として、塩分摂取量は1日10g未満を目標としている。

Q11　糖尿病は、膵臓から分泌されるインスリンの作用不足によって、高血糖や代謝異常が起こる病気である。

Q12　血液中の脂質であるHDL（善玉）コレステロールは、動脈硬化を抑える働きがある。

Q13　喫煙による発がん性物質は、肺だけに吸収されて肺がんを引き起こす。

Q14　脳卒中の原因には、動脈硬化の危険因子である肥満や高血圧、糖尿病、脂質異常、喫煙があげられる。

Q15　誤嚥によって引き起こされる誤嚥性肺炎は、高齢者ではほとんどみられない。

A1　×（第1節「1　老年期の発達と心身の変化の特徴」）

　例えば、定年退職後に地域のボランティアに参加したり、孫の世話など、老年期に新たな役割を「獲得」できるものも多く、そこに着目することが大切です。

A2　○（第1節「1　老年期の発達と心身の変化の特徴」）

　「尊厳の保持」は、介護サービスを提供するうえで、極めて重要な理念です。

A3　○（第1節「2　心身の機能の変化と日常生活への影響」）

　設問のとおり。

A4　○（第1節「2　心身の機能の変化と日常生活への影響」）

　1人で食事をしている場合、本人が味覚の変化に気づかないままに、その症状が悪化することもあります。

A5　○（第1節「2　心身の機能の変化と日常生活への影響」）

　骨粗鬆症の予防には、運動することも大切で、筋力をつけることは、骨の強化につながります。また、カルシウムやたんぱく質などの摂取も重要です。

A6　×（第1節「2　心身の機能の変化と日常生活への影響」）

　高齢者の人格にも個人差があります。近年の研究では、基本的な人格はあまり変わらないとされています。頑固さが目立つようにみえるのは、歳をとるにつれて感情を抑える能力が弱まったためと言われています。

A7　×（第2節「1　高齢者の疾病（老年症候群）と生活上の留意点（外科系）」）

　ケアの現場で積極的に心身を使うことを促すことによって生活機能の維持、向上を図ることができます。

A8　○（第2節「1　高齢者の疾病（老年症候群）と生活上の留意点（外科系）」）

　動かすと悪くなるのではないかと考える人が多いのですが、これらは長年動いてきたことによる関節の加齢変化によって生じるものです。日本でも海外でも、慢性期の痛みを改善するのは、動かすことだとされています。

A9　×（第2節「1　高齢者の疾病（老年症候群）と生活上の留意点（外科系）」）

　噛めない人は、噛める人と比較してすべての栄養素で摂取量が下回っています。介護現場では、軟らかくて栄養のある食品を提供することが先行していますが、噛むことによって唾液の分泌を促すこともできます。

A10　×（第2節「2　高齢者に多い病気と生活上の留意点（内科系）」）

　1日6g未満が目標です。高齢者は、最初から塩分制限を強くすると食欲低下を招くので、徐々に薄味に慣れてもらいましょう。

A11　○（第2節「2　高齢者に多い病気と生活上の留意点（内科系）」）

　糖尿病の治療は、血糖値をできるだけ正常近くに下げることです。そのためには、食事療法と運動療法が基本となります。口渇や多飲、多尿、体重減少などの症状が現れますが、高齢者では、これらの症状や障害があっても訴えに乏しい場合があります。

A12 ◯（第2節「2　高齢者に多い病気と生活上の留意点（内科系）」）
　HDL（善玉）コレステロールは、血管壁にたまったコレステロールを取り出し、動脈硬化を抑える働きがあります。

A13 ×（第2節「2　高齢者に多い病気と生活上の留意点（内科系）」）
　喫煙による発がん性物質は、体内に吸収されて全身の臓器に分布するため、多くの臓器にがんを引き起こします。

A14 ◯（第2節「2　高齢者に多い病気と生活上の留意点（内科系）」）
　また、マヒ症状が出た場合は、早く医療機関を受診して診断と治療を受けることが大切です。

A15 ×（第2節「2　高齢者に多い病気と生活上の留意点（内科系）」）
　高齢者の肺炎予防で重要なものは、風邪と誤嚥の予防です。口腔ケアや摂食時・食後の体位の工夫、食事形態の工夫も重要です。

第7章
認知症の理解

1　認知症ケアの理念

　認知症になっても、認知症が進行しても、「恥ずかしさや情けなさを感じさせない関わり」が必要です。認知症の進行とともに、いろいろなことができなくなっていきますが、「できる―できない」の軸にとらわれず、その人が一瞬でも落ち着くことのできる瞬間を生み出すために、何ができるかを考えることが大切です。
　そして、周辺症状はケアのあり方によって変化することを理解し、周辺症状を軽減するケアを追求する姿勢が求められます。
　ここでは、
　①　認知症ケアの理念
　②　パーソンセンタードケア
　③　認知症ケアの視点
について理解してください。

Ⅰ　認知症ケアの理念

　認知症に限ったことではありませんが、介護の仕事をするためには、サービス利用者の尊厳を守ることが求められます。
　「尊厳を守る」という理念は抽象的ですが、具体的には「恥ずかしさや情けなさを感じさせない関わり」であると考えられます。
　病や障害によって今までできたことができなくなってしまうと、他者からの援助を必要とすることが増えます。そのときに、ケアする側が「手伝ってあげる」という姿勢で関わると、ケアを受ける側は「手伝ってもらわなければならない自分」を意識せざるを得なくなります。今までできたことができなくなり、人の手助けを必要とする状態を受けいれられるようになるまでは、現在の自分に対して嫌悪感や羞恥心を抱えやすくなります。ケアする側には、手伝っていることを感じさせないケアを目指すことが求められます。
　何気なく使う言葉や態度にこそ、ケアする人の価値観が表れます。自分がかける言葉や態度が相手に与える印象を、ときおり考えてみる必要があります（事例）。

> **事例**　**介護する側が優位に立たないように**
>
> 　アルツハイマー型認知症は、「何がわからないかはわからないけれども、わからなくなっていくことはわかる」という辛（つら）さを抱える病気です。
>
> 　アルツハイマー型認知症の人に「わからないんです。私どうしたらいいんでしょう」と聞かれたとき、介護者が「何がわからないんですか？　わからないことは私が教えますから大丈夫ですよ」と声をかけました。
>
> 　介護者が「何がわからないんですか？」と聞くと、"何がわからないかがわからない"ことが露呈（ろてい）してしまい、本人が抱える不安や混乱（こんらん）を助長させてしまいます。また、何気なく伝えた「わからないことは私が教えますから大丈夫ですよ」という言葉は、介護する側が優位に立っている印象を与えてしまいますので、注意が必要です。
>
> 　安易（あんい）に解決策を提示しようとするのではなく、相手の不安を察する努力をして、感じたことを伝えてみるのもよいでしょう。例えば「わからないのが自分でわかるのはつらいことなのでしょうね」と声をかけ、相手の反応を待つと、本心を語りやすくなるかもしれません。

Ⅱ　パーソンセンタードケア

　「パーソンセンタードケア」という考え方は、認知症になっても、認知症が進行しても、その人が長年培（つちか）ってきた価値観（かちかん）を維持できることを目指すものです。直訳すれば、その人を中心に据えたケアということですが、日本では、「その人らしさ」という訳を用いることが多いようです。長年培（つちか）ってきた価値観（かちかん）を維持（いじ）できるように関わるためには、その人の現在と過去に関心を持って本人や家族から情報を集め、その人のこれからの生活を一緒に考えていくことが求められます。

　現代の社会では、「できる―できない」を指標（しひょう）として、「できる」ことはよいことで「できない」ことはよくないことと評価しがちです。認知症の進行とともに徐々に「できない」ことが増えていきます。その状況のなかでも、その人の人生のなかでもっとも誇（ほこ）りを持っていることを継続的に実感できるケアを意識する必要があります。

　治療やリハビリテーションなどによって回復が期待できるときは「できる」ことを目指して努力することが必要な時期もありますが、高齢者のケアに携わっていると、いずれ回復が期待できない場面に遭遇（そうぐう）します。その段階では、「できない」状況はそのままでよいのであって、「できない」ことを「できる」ようにケアすることが、いつも正しいわけではありません。この時期を見極（みきわ）めるのは難しいのですが、「できる」ようにケアすることによって、相手に苦痛や負担が生じていると推測できる場合には、ケアの方向性を変更する必要があります。同時に、その人が自信を持って、もしくは違和感（いわかん）なく「できる」ことを探り、「できる」ことを奪（うば）わない意識も必要です。

　認知症ケアにおいては、「できないことをできるように」という考え方にとらわれず、その人が一瞬でも落ち着いたり、心地よいと感じることのできる瞬間を生み出すために周囲の人に何ができるか、という考え方が大切です。

Ⅲ 認知症ケアの視点

認知症症状は、便宜的に中核症状と周辺症状（行動・心理症状：BPSD）（第7章—3「1　生活障害、心理・行動の特徴」を参照）を区別して考えます（図表1—1）。

図表1—1　認知症の中核症状と周辺症状（行動・心理症状：BPSD）

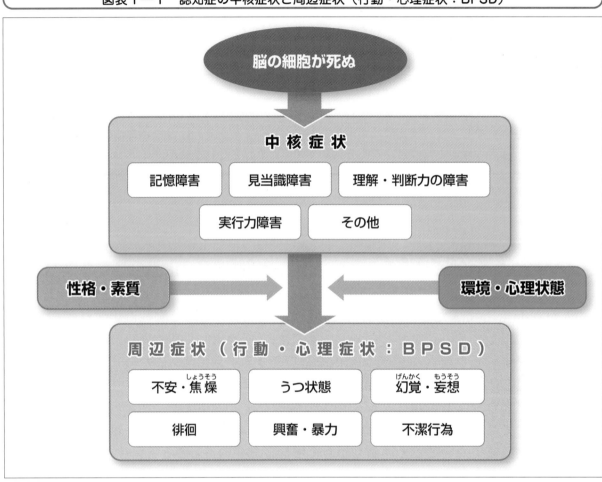

出所：厚生労働省ホームページ「認知症とは」（URL：https://www.mhlw.go.jp/topics/kaigo/dementia/a02.html）

中核症状は、脳の障害によって直接的に現れる症状で、記憶障害や見当識障害*などが含まれており、避けることが難しいとされています。中核症状によって脳の重要な機能が低下するため、壊れゆく自分を意識して不安や混乱を抱えやすくなります。

　*「記憶障害や見当識障害」については、第7章—2「1　認知症の概念と原因疾患・病態」の「Ⅱ　認知症の中核症状」を参照してください。

一方、徘徊や興奮・暴力といった周辺症状は、本人の性格や素質、そしてその人が生活する環境やそれに伴う心理状態の影響を強く受けて現れます。

本来の性格が、気が強く誰かを頼ることが苦手な人は、他者を攻撃することで自分を守ろうとするかもしれません。そのような状況において、介護する人が「ほかの利用者をたたいてはダメですよ」とその行為だけに着目して批判するような対応をとると、さらに興奮が強まります。反対に、その人の不安・混乱に気づき、普段の声かけの頻度を多くするなどの対応をすることで、ある程度落ち着くことがあります。

　つまり、周辺症状は、暮らしのなかで作られた症状であるため、暮らしのなかで、あるいはケアによって改善できる部分があるといえます。もちろん、人手不足や、家族・地域の事情・病気といった多種多様な限界がありますが、周辺症状は必ずよくなるという確信をもってケアにあたることが大切です。

　介護者が、周辺症状を「認知症だから仕方のない症状」として捉えてしまうと、例えば、認知症の人に徘徊の症状が出たときに、ほかの利用者の部屋に入らないようにと常に神経をとがらせたり、興奮しているときには、ほかの利用者に暴力が至らないように身構えたり、といった防御的な対応になってしまいます。このような対応は、認知症の人を排除するような雰囲気を助長し、症状を悪化させやすくなります。

　逆に、暮らしのなか、あるいはケアによって改善できるという信念を介護者が持っていれば、その手掛かりを探すために本人の言動に関心を持ちます。関心を持ってその人の行動を見ていると、目が合う、声をかけるといった小さなコミュニケーションが増えます。これがケアの基本であり、「あなたのことをとても気にしている」というメッセージを本人に伝えることができます。

　介護の仕事はとても忙しいものですが、そのなかで実践できる小さなコミュニケーションの機会を増やす工夫が求められます。

◎認知症　　◎尊厳を守る　　◎パーソンセンタードケア
◎中核症状　◎周辺症状　　◎ケアの視点

（執筆：伊東美緒）

1　認知症の概念と原因疾患・病態

　　認知症は、何らかの原因で脳の神経細胞が壊され、日常生活や社会生活、仕事などに支障をきたした状態をいい、高齢者だけでなく、若い世代にも起こり得る病気です。記憶障害や見当識障害など、さまざまな病態と症状がありますが、原因疾患の解明も進み、薬物療法などで進行を遅らせることも可能となっています。
　　ここでは、
　　① 認知症の概念
　　② 認知症の中核症状
　　③ 認知症の原因疾患の診断
　　④ 認知症の治療
　　⑤ 認知症と間違えられやすい症状
　　⑥ 認知症についての最近の話題
　　について理解してください。

Ⅰ　認知症の概念

1　認知症

　　認知症とは、何らかの原因で脳の神経細胞が壊され、それによって、獲得されていた認知機能が障害されて、日常生活ないし社会生活、仕事などに支障をきたした状態をいいます。認知機能障害とは、記憶、言語、行為、認識、実行機能などに支障をきたしていることです。

　　認知症は、高齢者だけでなく、原因によっては若い世代にも起こり得る病気です。発症初期の認知症患者では、「以前と様子が違ってきている」という本人や家族からの訴えは重要で、検査上の認知機能の低下はあまりみられなくても、認知症である可能性を疑わせます。

〔患者本人の言葉〕
・「頭の中が真っ白になる。どうもうまくいかんのや。だからやらなくなる」
・「うまくいかないとやりたくなくなるのは当然のことですよね。意地もありますわ」
・「自信なくしますわ。ここだけですよ、こんなこと言うのは。どこででも言えません。プライドありますからなぁ」
・「あの人、ぼけたんやって言われたくない。だから何かをしたいんです」

2　加齢による"もの忘れ"と認知症の違い

　　人の名前が思い出せない、メガネを探すことが多くなったなどの"もの忘れ"は誰にでも起こってきます。日常生活にそんなに支障がなく、半年や1年くらいの間に目立った悪化が

　なければ、加齢によるもの忘れであると考えられるため心配はありません。

　一方、認知症のもの忘れは、最初は、かかってきた電話の内容や相手を忘れるくらいから始まりますが、そのうちに電話があったこと自体を忘れてしまいます。他人から指摘をされても思い出せず、半年や１年くらいで、もの忘れが悪化するようになります（**図表２－１**）。

図表２－１　加齢によるもの忘れと認知症の違い

症　状	加齢によるもの忘れ	認知症
記憶障害	急に思い出すことができない	出来事全体を忘れる
日常生活	支障なくできる	困難な事柄が増えてくる
BPSD （行動・心理症状）	認められない	認められることが多い

出所：藤本直規・奥村典子「認知症とともに―家族が認知症になったら」朝日新聞厚生文化事業団，2011

II　認知症の中核症状

　認知症の症状には、記憶障害や実行機能障害などの脳病変そのものから起こり、徐々に進行する「認知機能障害」と、徘徊や妄想などの「行動・心理症状」（BPSD）があります。

1　記憶障害

　記憶障害は、認知症患者の自覚症状としても、家族が気づく症状としても、頻度がもっとも多いものです。記憶には、記銘（情報を頭に入れる：覚え込むこと）、保持（情報を頭に貯めておく：覚え続けること）、想起（情報を取り出す：思い出すこと）の３つの過程があります。そして、記憶は、記憶の内容と記憶を保っている時間によって、それぞれ分類され、認知症にみられる記憶障害は、ある法則に従って悪化していきます。

　記憶の内容による分類は、出来事の記憶である「エピソード記憶」、歴史的事実や一般常識など言葉や概念の知識に関する記憶である「意味記憶」、自転車に乗ることなど身体で覚えた記憶である「手続き記憶」に分けられています。認知症では、まずエピソード記憶が障害され、「昨日どこへ行ったのかわからない」などの訴えになりますが、初期の頃には意味記憶や手続き記憶は保たれています。また、その後、病気が徐々に進行しても、手続き記憶はかなり長い期間保たれています。

　また、記憶の保持時間による分類では、単語や数字をおうむ返しに応えてもらう検査で確認される「即時記憶」、数分から数か月間保持される「近時記憶」、それ以上保持される「遠隔記憶」に分類されます。認知症の初期には、近時記憶障害がみられますが、即時記憶や遠隔記憶は保たれるため、短い会話では認知症であることに気づきません。

〔患者本人の言葉〕
・「身体にいっぱい穴が開いているのか、記憶が落ちこぼれる」
・「聞いてもすぐに頭の中から消えていくんや」
・「一瞬一瞬で生きている。つながらない。忘れるというより、入ってこない」
・「どれを忘れていて、どれを覚えていないのかが、自分ではわからない」

｜2　見当識障害

　見当識とは、現在の時間・場所・人をはじめ、周囲の状況や自分についての認識（見当をつけること）をいいます。認知症では、まず、時間についての感覚が不確かになります。また、「日」「曜日」「月」の順に、変化度の大きいものから忘れていくようになります。したがって、「年」や「季節」を間違えたり、一生変わらない「生年月日」を忘れたりすると、認知症の可能性を疑わせます。

　もちろん、検査で見当識障害が認められないからといって、必ずしも認知症の可能性を否定できるわけではありません。認知症が進行すると「場所」についての感覚が鈍くなり、自分がどこにいるのかの見当がつかなくなり、さらに認知症が進行すると、「人物」の区別がつかなくなり、家族がわからなくなっていきます。

〔患者本人の言葉〕
・「ここがどこかわからんことがある。いつもではないんやが…」
・「う〜ん（時間の）長さがわからん。さっきが今やし、今は…今も今か？　何のことかわからんけど、今ばっかりやな」
・「（この人が誰かを聞かれて）この人息子の嫁、こっちは息子の嫁、ありゃ同じになった」

｜3　実行機能障害

　日常生活で何かをやり遂げるためには、多くの過程をこなすことが必要です。それは、「朝起きて顔を洗う」「外出着に着替える」「夕食を作る」などの日常的なことでも同じです。このときに私たちは、実行機能を使います。具体的には、「何かをしようと思いつく」「計画を立てる」「順序立てて行う」「やり続けて、やり遂げる」など、新たな課題を実行に移すときに必要な能力です。

　実行機能障害があると、新しい状況を理解し、内容を整理・分析して計画を立て、それを実行することが難しくなります。その結果、表面的・場当たり的な行動しかとれなくなり、場合によっては、何もかもが億劫になって、自分からは何もしなくなってしまいます。

　認知症の発症初期で、記憶障害があまり目立たない時期でも、実行機能の障害が目立つようになります。例えば、町内会の役職が回ってきたり、職場で管理職になったり、転職したときなど、新しい課題をこなさなければならない状況になったときに、「会合の日程調整ができない」「事業計画を作れない」「仕事の優先順位をつけられず全部放り出す」などです。

〔患者本人の言葉〕
・「メニューを言われれば何とかできる。自分で考えてするのが、ここ2〜3年できなくなった」
・「頭の中で、やることをすぐにイメージできなくなった」
・「退屈ですね。やりたいことを探すのに疲れます」
・「（デイサービスの話題で）フリーになるとテーマが見つからないけど、簡単やとつまらん」

4 失語

　認知症の初期の頃によくみられる失語は、物品の呼称（喚語）障害であり、日常的に使用する頻度の少ない物品の名前ほど出にくくなります。失行や失認ほどには認知症の人の生活を脅かしませんが、物品の名前がスムーズに出てこないため、代名詞が多くなることで、会話がまどろっこしくなります（例：「そこの上のあれを取って」「それの上に重ねてほしい」）。
　また、日常生活に関する具体的な話題などの会話の内容は保たれますが、難しい話はできなくなります。しかし、発話の量や流暢性は保たれるので、ぺらぺら、すらすら話すことができます。初期の失語はコミュニケーションを大幅に阻害するわけではありませんが、忙しい介護をしている介護者にとっては、ストレスの原因になることもあります。認知症の人がすらすら話せることも、病気の症状であることを受けいれがたくする原因です。

〔患者本人の言葉〕
・「ちょっと言葉が出るのが遅くなったなぁ」
・「意味はわかってるんやが、なかなか（言葉で説明が）出てこんなぁ」
・「漢字の偏が出ないんや」
・「仮名で書くと意味がわからない」

5 失行

　失行とは、運動機能にマヒなどの障害がないにも関わらず、以前はできていた「目的をやり遂げるための動作」ができない状態です。認知症が進行した時期にみられるものですが、若い認知症の人では比較的早期から出現することがあります。失行には、「急須に湯を入れて湯飲みに注げない」「マッチ箱からマッチを取り出して火を点けることができない」など、いくつかの動作が組み合わさった行為ができない観念失行や「服の袖に足を通そうとする」「服を裏返しに着る」などの着衣失行などがあります。
　デイサービス（通所介護）などの活動を考える際に大切なのは、構成失行といって、物事を組み立てる、つまり構成することに障害が起こる症状で、例えば、図形の模写ができない、積み木で形を作ることができないなどが起こります。構成失行のある人に、絵を描いてもらったり、ジグソーパズルをやってもらうことは、辛い思いをさせるだけのことがあり、デイサービスに行きたがらなくなる理由の一つになります。
　失行は、日常生活上で使えていた道具が使えなくなるため、次に述べる失認とともに、認知症の人の生活障害の大きな原因となります。見当識障害や記憶障害のように周囲が気づきやすい症状と違って、生活のしづらさの原因として、失行の要素が絡んでいることが少なくありません。

〔患者本人の言葉〕
・「（服を）脱ぐって何や？」
・「トラクターに乗るけど、次何するんやったかと思う」
・「鍵が開けにくい、判子が押しにくい、できんことだらけや」

6 失認

　失認とは、視力には異常がないのに、対象物を認識したり区別したりできなくなることです（図表2－2）。

図表2－2　失認の種類と症状

物体失認	ごみ箱と尿器との区別がつかなくなる
相貌失認	人の顔を認知できず、家族の顔がわからなくなったり、鏡に映る自分の顔を侵入者と間違えたりする
バリント症候群	遠近感が障害され、箸でおかずがつかめない
左半側空間無視	空間の左側の物体や文字を無視してしまう
地誌的見当識障害	駅から自宅までの通い慣れた道で、道順がわからなくなる

　地誌的見当識障害のためトイレの場所がわからず失禁したり、左半側空間無視のために食卓の上の食べ物をうまく食べることができなくなったりします。失行と同じように「生活障害」を引き起こす原因となるため、介護者は、これらを見逃さないよう適切なケアを行う必要があります。

〔患者本人の言葉〕
・「頭の中の地図が消えるんや、頭の中に描けない」
・「行く前に道が思い浮かばない」
・「（床の色が変わった場所で足がすくんで）気をつけや、崖から落ちるで」
・「（狭い部屋では）壁が襲ってくる感じがする」

Ⅲ 認知症の原因疾患の診断

　認知症の原因疾患には、アルツハイマー型認知症、血管性認知症、レビー小体型認知症、前頭側頭型認知症があります。
　これらは、それぞれ投薬やケアの仕方、予後が異なるので、できるだけ正確な鑑別診断を行いますが、経過中に症状が変化することもあります。

1 アルツハイマー型認知症

　アルツハイマー型認知症は、健忘を中心とした認知症で、徐々に見当識障害や実行機能障害が出現します。①臨床的および認知機能テストで認知症があり、②40～90歳での発症で、③脳卒中に関連した発症ではなく、初期には脳局所症状がみられず、④記憶とそれ以外の認知機能がゆるやかに進行・悪化し、⑤意識障害がなく、⑥ほかに原因となる全身・脳疾患が

ない、ことを満たせば臨床的には、ほぼアルツハイマー型認知症と診断できます。

　進行すると、物品の名前が出なくなったり（失語）、道順がわからなくなったり（地誌的見当識障害）、視野の左半分が見えなくなったり（左半側空間無視）、使い慣れた炊飯器などの道具が使えなくなったりして（失行）、生活の自立が困難になりますが、ケアの工夫によって生活を維持することは可能になります。何より抗認知症薬の投与により進行を遅延することが可能になり、認知症のなかでは比較的穏やかな進行の疾患といわれるようになりました。

2　血管性認知症

　血管性認知症は、小さな脳梗塞が繰り返されて起こるもの、大きな脳梗塞が原因のもの、記憶の中枢である海馬などの特定の場所に脳梗塞が起こるものなどがあります。認知症と脳血管疾患がみられ、認知機能の突然の低下や階段状の進行が特徴的といわれますが、家族が発症の様子をはっきり記憶していないこともあります。

　神経細胞が広い範囲で障害されるアルツハイマー型認知症と違って、障害された部分とまったく正常な部分が混在していますので、できないことと、できることが多く混ざっています。病院の待合室では奥さんを怒鳴っていた男性が、診察室に入ると礼儀正しい紳士として応対するなどが一つの例です。介護者が、少し配慮に欠けた言動（保護的過ぎたり、逆に指示的に過ぎたり）をすると、本気で怒ることもあります。

3　レビー小体型認知症

　レビー小体型認知症は、診断基準の確立と診断法の進歩により、比較的多い疾患であるといわれています。認知機能障害に加えて、パーキンソン症状と幻視が特徴の認知症で、幻視のような症状では、「赤い服を着た3人の女の子が居ます」「息子にも嫁にも見えず、本当は居ないのでしょうが、私にだけは見えるのです」など具体的で、隠さず自分から話題にします。

　症状の変化がとても激しく、外来診察時には動きも悪くなく普通に話していた人が、30分後のデイサービス開始時には、ぼーっとして動きも悪く、返事もしなくなり、数時間後には元気に過ごせるようになるなど、時間単位で症状が変わることがあります。また、夜間睡眠時に、歩き回る、大声を出すなどレム睡眠行動障害がみられることもよく知られています。

　これらには、症状の変動に合わせたサポートが必要ですが、抗精神病薬などをはじめとする薬剤の副作用が出やすく、注意が必要です。

4　前頭側頭型認知症

　前頭側頭型認知症は、ピック病が代表的なものですが、初期にはもの忘れよりも人格変化が目立つ認知症です。会社で仕事ができるくらいの知能があるにも関わらず、他人に対する配慮に欠けることがあり、他人を茶化すような言動があります。脱抑制的な行動として、代金を払わずに店先で菓子袋を開けてその場で食べ始めたり、近所の家に勝手に入り込んで仏壇の前の供え物を食べたりと、病気の症状と知らなければ社会的に問題になることがありま

す。

　もう一つの特徴的な症状に、決まった行動を繰り返す「常同行動」があり、「必ず道路の真ん中を歩く」「文字が書いてあると線を引く」などの行動が繰り返されます。この「常同行動」の最中は、邪魔をされることを極端に嫌います。周徊も「常同行動」の一種で、決まったコースを歩きますが、アルツハイマー型認知症患者の「徘徊」とは異なり、決まったコースを散歩して戻ってきます。しかし、散歩コースのいたるところで、つばを吐くなど周囲に困った行動がみられる場合は、専門チームによる行動を変容させるケアが必要になります。

　一方、記憶が比較的保たれることや、失行がないため手作業や絵を描くことが上手であることを利用してデイサービスのプログラムを考えていきます。もの忘れがひどい人という認知症のイメージからは離れた症状ですので、認知症であることを理解してもらえないことが多いため、家族の精神的な負担は非常に大きくなります。

Ⅵ　認知症の治療

1　認知症に使用される薬

⑴　アルツハイマー型認知症の認知機能障害への薬物治療

　アルツハイマー型認知症に対する中核症状治療薬としては、アセチルコリンエステラーゼ阻害剤のドネペジル（商品名＝アリセプト等）、ガランタミン（商品名＝レミニール）、リバスチグミン（商品名＝リバスタッチパッチ、イクセロンパッチ）とNMDA受容体拮抗作用剤のメマンチン（商品名＝メマリー）と4種類の抗認知症薬が日本でも投与可能となり、軽度から高度アルツハイマー型認知症に至るまで、ほとんどの病期を薬物治療でカバーできるようになりました。

　また、剤型も錠剤、口腔溶解剤、顆粒剤、ゼリー剤、パッチ剤など、さまざまな剤型から選択できるようになり、服薬時の本人と家族の負担の軽減が図られています。

　いずれも認知機能やADLの改善が期待され、長期的にはADLの維持や、介護時間や見守り時間の軽減といった、患者本人や介護者のQOLの改善に結びつくものです。患者本人が自ら服薬管理を行う場合、規則的な服薬ができているかどうかの確認が必要で、過量に服薬することは避けなければなりません。ほかに処方薬がある場合は、服薬方法が混乱するので要注意です。家族が服薬管理をすることを患者が嫌がる場合は、かかりつけ医が適切にアドバイスをすることで納得しやすくなります。服薬の効果判定の基準は、日常生活の変化ですが、家族が生活上の改善点を見つけることができるか、明らかな悪化がなければ、介護を続けるうえで勇気づけられます。

⑵　血管性認知症への再発予防治療

　高血圧、糖尿病、脂質異常症（高脂血症）など、脳血管疾患の危険因子の治療とともに、抗血小板薬の投与を行います。夏期の脱水予防を指導し、必要に応じて輸液（点滴）を行います。自発性の低下には、アマンタジン（商品名＝シンメトレル等）を投与します。

　血管性認知症は、活動をしないことで精神機能が衰えていく廃用症候群（生活不活発病）によって、脳の働きが低下し、認知症症状が悪化していくために、デイサービスなど

への参加を強く促します。

(3)　身体合併症の治療

高血圧や糖尿病といった内科的な慢性疾患の治療の際には、投薬回数をできるだけ少なくするなど、患者が混乱せず介護者の負担が少なくなるような工夫をします。また、便秘、下痢、膀胱炎などの通常ならばあまり問題にならない身体合併症がBPSD（徘徊や妄想などの行動・心理症状）を悪化させることがありますが、認知症患者が体調の悪さを自分から訴えられず、「単に認知症が進行しただけ」とみなされていることも少なくありません。

認知症の症状が理由もなく急激に悪化したときには、「感染症、脱水、便秘」などを疑って、精査・治療することが必要です。脱水が原因であれば、輸液（点滴）のみで見違えるほど精神症状が落ち着くこともあります。外来治療可能な身体合併症の治療は、かかりつけ医が担当するべきです。

(4)　BPSDの治療

①　非薬物療法

認知症患者の症状や心理に適したケア、好ましい環境は、認知症患者の混乱を防ぎ、精神活動が活性化したり、その進行を遅くすることで、有力な治療と位置づけられます。しかし、多くの介護負担を抱えている家族に対する介護指導は、精神的なサポートと並行して行わなければ、介護者を追いつめ、燃え尽きさせてしまうことにもなります。適切なケアの一例は次のようなものです。

> **事例**
>
> 進行したアルツハイマー型認知症に特徴的にみられる左半側空間無視（視野の左半分を無視してしまう）によって、食卓の左側に置かれたおかずに手をつけない患者がいました。介護者（家族）はこの患者に対して、「作った食事を食べてくれない」と思い悩み、食事形態や味付けなどを繰り返し変えていたため、「左側にある食器を時々右に移動するように」指導しました。すると、患者はスムーズに食事を摂ることができるようになり、その結果、介護者の負担も軽くなりました。

②　薬物療法

BPSDに対して効能が認められている薬剤はありませんが、日常の診療では抗精神病薬、睡眠導入薬、抗不安薬などいくつかの薬剤が用いられています。これらの薬物治療は、少なくとも個別対応や環境調整といった非薬物療法を行ったうえで始められるべきものです。

しかし、BPSDが悪化した段階では、「ケアや環境」だけで改善させることは困難で、薬物治療に頼らざるを得ないことがあります。

基本的には、精神科などの専門医が治療するべきですが、精神症状の強い認知症患者が遠方等の理由で専門の病院を受診することが困難な場合は、かかりつけ医が少量の抗うつ剤や抗精神病薬を投与します。薬剤の副作用が出やすいレビー小体型認知症患者への薬物治療はさらに慎重に行うべきです。

Ⓥ　認知症と間違えられやすい症状

認知症のような症状を示しますが、認知症ではないものに仮性認知症があります。

1　仮性認知症

仮性認知症の代表的なものには、うつ病とせん妄があります。

(1)　うつ病

せん妄とともに、認知症との鑑別が問題になる代表的なものですが、両者ともに認知症患者に合併した場合、一見、認知症が悪化したように見えますが、抑うつ状態の患者が、認知症と間違われるのは、

①　集中力困難・不注意などで、仕事や家事でミスを繰り返す場合
②　無関心・無頓着などで身繕いを構わなくなり、行動制限が起こる場合
③　不安・焦燥感・自責妄想などで、抑制が効かない異常な行動をとる場合
などがあります。

高齢者のうつ病は、身体的な愁訴のために、まず一般臨床医を受診するのが普通です。

そこで、認知症の鑑別診断の際には、

①　うつ病である可能性を必ず思い浮かべること
②　青年・壮年期のうつ病のイメージに捕らわれないこと
③　鑑別が困難な場合は、診療経験が豊富な精神科医に紹介すること
が重要です。

うつ病の可能性に思い至らず治療が遅れてしまうと、食欲不振による栄養状態の悪化や免疫機能の低下によって、重篤な身体状況に陥ることがあります。

しかし、高齢者のうつ病は、気分が落ち込み、見るからに意気消沈した様子であるといった定型的な症状を示さないことも多くあります。すなわち、

①　会話や活動の制止が少なく、緩慢にもならない
②　不安・焦燥感が強いにも関わらず、外見上は明らかでない
③　心気的訴え（身体についての不定愁訴）が多くなる
④　妄想傾向が強い
という傾向があります。

例えば、会話のなかに「生きていても仕方がない」「迷惑ばかりかけている」などの悲観的な言葉を頻繁に繰り返すわりには、表面上はニコニコと笑顔を見せ、会話も多いため、抑うつ状態であることに気づかなかったり、不安・焦燥が強い場合でも、外見上は落ち着いて見え、質問して初めて「何かイライラするのですよ」と焦燥感が明らかになることもあります。また、「頭がもやもやする・手が痺れる・口の中が臭い・お腹が張る」など、四六時中心気的な症状を訴えます。

(2)　せん妄

高齢者によくみられる意識障害で、意識の質的な変容（意識は清明のように見えて、混乱している状態）をいい、注意力・集中力・持続力が障害され、認知機能障害が出現し、認知症との鑑別が必要です。

せん妄は、症状の易変動性が特徴で、その周期は、数時間から数分間までさまざまです（例えば、話しているうちにボーっとしてきたが、名前を呼ぶと普通に会話できるなど）。

また、認知症が進行した認知機能障害があっても日常会話は十分可能であるのに比べて、せん妄状態のときは、挨拶すらできなくなってしまいます。

せん妄の発症は、さまざまな身体疾患の急性期または急性増悪期、青壮年者では問題にならないような軽度の脱水、下痢による電解質異常、薬物の副作用などによって引き起こされます。

せん妄を起こしやすい薬物には、抗精神病薬（過度の鎮静・興奮）、睡眠導入剤（睡眠パターンの変化）、抗潰瘍剤（催眠作用）、降圧剤（過度の降圧）、抗パーキンソン病薬・抗うつ剤（抗コリン作用）などがあります。せん妄の治療に用いたはずの抗精神病薬が、かえってせん妄を増悪させていたということも稀ではありません。

せん妄は、早めに対応することによって改善可能な状態ですので、比較的急激に発症ないし悪化した認知症によく似た症状の高齢者に対しては、せん妄である可能性を疑い、疑わしい薬物の中止、脱水や電解質異常の補正、睡眠パターンの是正、心理療法、環境の整備（情報の適正な提供）などが行われます。また、診断が困難な場合は、早急に精神科医や神経内科医を受診します。

2　治療可能な認知症

(1) 内科疾患

ビタミンB$_{12}$の欠乏によって多くみられるのは、脊髄障害と末梢神経障害ですが、認知症を含む精神神経障害も現れます。甲状腺機能の低下では、認知症に類似した記憶障害、集中力の低下がみられることが知られています。治療の観点からは早期に発見し、治療をしないと非可逆的となる可能性があります。

(2) 脳外科疾患

内科的な原因疾患と同時に、慢性硬膜下血腫や脳腫瘍などの脳外科疾患がないかどうかを調べます。とくに急性発症の場合、脳梗塞や慢性硬膜下血腫の診断のため、緊急でCT検査をします。

Ⅵ　認知症についての最近の話題

1　軽度認知障害（MCI）

いわゆるもの忘れ程度の、認知症との境界線レベルにある軽度認知障害の人のなかには、認知症のごく初期の人がいるといわれています。これらの人たちは通常、MRIやCT検査では、脳萎縮などが見つからないことが多くあります。家族にも症状の変化を注意深く見守ってもらいながら、もの忘れの状況が改善しないようであれば、脳機能の異常を早めに見つけることができるといわれる脳血流SPECT検査をします。

検査後に異常が見つからない場合もありますが、軽度認知障害の人たちは、もの忘れの自覚に苦しんでいるため、半年から1年後に再診してもらうか、専門医に紹介します。

2　若年性認知症

若年性認知症は65歳未満で発症した認知症ですが、18歳から40歳未満で発症した人を若年期認知症、40歳から65歳未満で発症した人を初老期認知症と呼ぶことがあります。この両者

を合わせたものが「若年性認知症」です。診断やその後のケアに関する経験の蓄積が図られています。

　若年性認知症の症状は、高齢者のものと基本的には変わりませんが、運動マヒがないのに作業ができなくなる「失行」や、視力は正常なのに場所などがわからなくなる「失認」などの症状が比較的早期に目立つようになり、生活障害が早期に出現するため、早期発見・治療が重要になります。

　また、患者本人と家族だけではなく、年齢の若い子どもも含めてそれぞれへの精神的サポートと仲間作りが必要です。40歳以上の認知症患者であれば、介護保険の適用を受け、デイサービス、通所リハビリテーションなどの通所サービス、ショートステイ、訪問介護サービスなどを利用することができますが、40歳未満では、医療保険で行われている、精神科デイケア、重症認知症デイケアが適用されます。

　なお、発症時期が仕事、子育てなどの現役世代であることから、経済的な問題や家事・育児の問題に直面する人も多くいます。若年性認知症患者への経済的な支援としては、障害者総合支援法による外来通院費の公費負担制度、精神障害者保健福祉手帳による税金の免除、障害基礎年金等の年金制度があります。

今後の学習のための🔑キーワード

◎認知症　　◎記憶障害　　◎エピソード記憶　　◎意味記憶

◎手続き記憶　　◎見当識障害　　◎実行機能障害　　◎失語

◎失行　　◎失認　　◎アルツハイマー型認知症

◎血管性認知症　　◎レビー小体型認知症

◎前頭側頭型認知症　　◎BPSD　　◎うつ病

◎せん妄　　◎軽度認知障害（MCI）　　◎若年性認知症

（執筆：藤本直規）

〔引用文献〕
　1．藤本直規：認知症の中核症状とBPSDについて，認知症ケア事例ジャーナル2010；3：266-281
　2．藤本直規：認知症の診断と治療，ケアへの支援（分担執筆），在宅医学，260-268，メディカルレビュー社，2008，在宅医学

第7章-2

1 認知症の概念と原因疾患・病態

図表2－3　認知症高齢者の日常生活自立度の判定基準（参考）

ランク	判断基準	見られる症状・行動の例	判定にあたっての留意点
I	何らかの認知症を有するが、日常生活は家庭内及び社会的にほぼ自立している。		在宅生活が基本であり、一人暮らしも可能である。相談、指導等を実施することにより、症状の改善や進行の阻止を図る。
II	日常生活に支障を来すような症状・行動や意思疎通の困難さが多少見られても、誰かが注意していれば自立できる。		在宅生活が基本であるが、一人暮らしは困難な場合もあるので、日中の居宅サービスを利用することにより、在宅生活の支援と症状の改善及び進行の阻止を図る。
IIa	家庭外で上記IIの状態が見られる。	たびたび道に迷うとか、買物や事務、金銭管理などそれまでできたことにミスが目立つ等	
IIb	家庭内でも上記IIの状態が見られる。	服薬管理ができない、電話の応対や訪問者との対応など一人で留守番ができない等	
III	日常生活に支障を来すような症状・行動や意思疎通の困難さが見られ、介護を必要とする。		日常生活に支障を来すような症状・行動や意思疎通の困難さがランクIIより重度となり、介護が必要となる状態である。「ときどき」とはどのくらいの頻度を指すかについては、症状・行動の種類等により異なるので一概には決められないが、一時も目を離せない状態ではない。在宅生活が基本であるが、一人暮らしは困難であるので、夜間の利用も含めた居宅サービスを利用しこれらのサービスを組み合わせることによる在宅での対応を図る。
IIIa	日中を中心として上記IIIの状態が見られる。	着替え、食事、排便・排尿が上手にできない、時間がかかる。やたらに物を口に入れる、物を拾い集める、徘徊、失禁、大声・奇声を上げる、火の不始末、不潔行為、性的異常行為等	
IIIb	夜間を中心として上記IIIの状態が見られる。	ランクIIIaに同じ	
IV	日常生活に支障を来すような症状・行動や意思疎通の困難さが頻繁に見られ、常に介護を必要とする。	ランクIIIに同じ	常に目を離すことができない状態である。症状・行動はランクIIIと同じであるが、頻度の違いにより区分される。家族の介護力等の在宅基盤の強弱により居宅サービスを利用しながら在宅生活を続けるか、または特別養護老人ホーム・老人保健施設等の施設サービスを利用するかを選択する。施設サービスを選択する場合には、施設の特徴を踏まえた選択を行う。
M	著しい精神症状や周辺症状あるいは重篤な身体疾患が見られ、専門医療を必要とする。	せん妄、妄想、興奮、自傷・他害等の精神症状や精神症状に起因する問題行動が継続する状態等	ランクI～IVと制定されていた高齢者が、精神病院や認知症専門棟を有する老人保健施設等での治療が必要となったり、重篤な身体疾患が見られ老人病院等での治療が必要となった状態である。専門医療機関を受診するよう勧める必要がある。

出所：平成5年10月26日老健第135号，厚生省老人保健福祉局長通知（最終改正：平成18年4月3日）

2　原因疾患別ケアのポイントと健康管理

認知症の人に生じやすい身体的不調とケアのポイントについて学びます。
ここでは、
① 長期にわたる食生活の偏り
② 脱水
③ 便秘
④ 低栄養
⑤ 運動量の低下
⑥ 廃用症候群（生活不活発病）
⑦ 口腔ケア
について理解してください。

I　長期にわたる食生活の偏り

　認知症になると、いくら食べても「お腹がすいた」と訴えて、絶えず食べ物や飲み物を探す人もいますし、反対に食べ物や飲み物に関心を示さない人もいます。そのため、食事の量や内容が偏りがちになります。食事の量や内容が長期にわたって偏ると、さまざまな身体的不調をもたらします。

1　頻繁に徘徊する人

　頻繁に徘徊する人は、活動量が高まっているので空腹を訴えることが多いようです。体重の増減をみながら食事を調整します。なお、体重が明らかに減っている場合には、糖尿病などの疾患の有無を確認したうえで問題がないようであれば、いつもよりも多めに食べてもよいと考えられます。反対に体重は増えているにもかかわらず、やはり食べ物を欲しがる場合には、カロリーの少ないものをたびたび提供できるような工夫が求められます。「さっき食べたでしょ。」と言い、訴えを退けるような対応は、周辺症状（行動・心理症状：BPSD）を悪化させやすいので注意が必要です。

2　食事に関心を示さない人

　食事に関心を示さない場合は、要因を探る必要があります。例えば、白い茶碗に白いご飯が入っているため、ご飯を認識できず空だと思ってしまう場合があります。お盆、皿、食べ物には色のコントラストをつけるようにすると気がつきやすくなります。

初めは少し食べるものの、すぐに食べるのをやめてしまう場合には、長時間集中して食べるのが難しいことが考えられます。栄養やカロリーのあるものを先に食べるようにしたり、少量を何回かに分けて提供するなど工夫します。施設では、食中毒を避けるために調理されてから2時間以内に片づけることが義務づけられているので、実施が困難な部分もありますが、ヨーグルトやプリンなどの保存しておけるものを家族と相談して用意している施設もあります。周囲からの刺激が多すぎて、食べ物に注意を向けられない場合には、集団から離れた場所で、ゆっくりと声かけをすることにより食事摂取量が増えることがあります。

｜3｜ 嚥下機能に障害がある人

　介助によって口に食べ物を入れても、なかなか飲み込めない人もいます。嚥下機能に障害があると、喉の動きがうまく働かないためです。口の中にいつまでも溜めていたり、吐き出したりします。周りの人が食べるのを見て、真似ることができる場合もありますし、職員が「ごっくん」と声をかけると首を下に傾けて飲み込める場合もありますが、たくさんの量を食べるのは難しい場合が多いようです。

　高カロリー、高たんぱくの飲料などもあるので、どのようなものであれば摂取が可能かを検討することも大切です。

Ⅱ　脱　水

　食事や飲料に関心を示さない人は、脱水を起こしやすくなります。特に喉の動きがうまくいかない場合には、水分を摂ると誤嚥を引き起こしやすくなります。誤嚥予防のために"とろみ"をつけることが多いのですが、さらに飲みにくくなり、拒否が強くなる人がいるので注意が必要です。

　特に、夏にエアコンなどの温度調整設備のない環境で生活する人の場合には、水分をこまめに摂れるような工夫をしなければなりません。本人が好んで飲めるものを探し、気づきやすい場所に置いておくよう工夫します。微熱・発熱などの症状が現れたときには、早めに医療関係者に連絡をとります。

Ⅲ　便　秘

　高齢になると腸の動きが低下します。摂取する水分量や食物繊維の量、運動量が減ると、さらに便秘になりやすくなります。便秘になると、膨満感があるため食欲が低下するという悪循環に陥ります。

　朝起きたときに冷たい牛乳を飲む、便意があったときに暖かいタオルでお腹を温めるなどの工夫で対応できるとよいのですが、下剤を活用せざるを得ない人も多くいます。下剤を内服すると、排便ができないうちは下剤を重ねて飲むため、下痢になることもあります。下痢になると、トイレに間に合わず失敗体験につながることもありますので、注意が必要です。

　このように、便秘を引き起こしやすい生活環境のなかで、排便を促すための下剤の内服に

よって下痢になるという、排便の問題を抱えやすくなります。

Ⅳ　低栄養

　バランスのよい食事を摂ることができない場合には、必要な栄養を摂れず低栄養を引き起こします。高カロリーの菓子パンや揚げ物の多い弁当ばかりを食べている人の場合には、体重は維持されていて見た目は変わらないのに、血液検査をしてみると低たんぱく血症などを引き起こしている場合があります。必要な栄養を摂取できないため、気力・体力が低下し、廃用症候群（生活不活発病）につながることもあります。

　ただし、終末期にさしかかる過程においては、必要な食事量や水分量が低下していきます。また、人によって体型や運動量が違うので、食べる量も異なります。施設ケアにおいては、身体が小さく、あまり動かない人にもほかの人と同じ量を食べるよう介助しがちです。１回の食事量にこだわらず、１週間、１か月の食事摂取量を確認し、体重や気力、病院での検査の値などと照らし合わせて、摂取する食事内容や量を検討する必要があります。

Ⅴ　運動量の低下

　アルツハイマー型認知症の場合、徘徊によって活動量が高まる人がいます。しかし、このような高齢者であっても、転倒予防のために座位、もしくはベッド上で過ごすようなケアが実践され、運動量が低下しやすいのが現状です。

　自分から積極的に動かない人の場合には、さらに運動量の低下は著しく、職員が誘導する排泄、食事、入浴以外は歩行しない人も少なくありません。身体を動かすアクティビティを行うときも、転倒予防のために座位で行うことが多く、このような場合には下肢の筋力は徐々に低下していきます。

　一旦、筋力が低下してしまうと、歩くだけでも疲れるので、職員が廊下を歩行するリハビリテーションなどを促しても拒否することが増えます。動けるときには転倒予防を重視して座ってもらう方法を考え、筋力が低下してから筋力をつける方法を考えるのでは、高齢者の負担は大きくなってしまいます。動く能力のあるときには、転倒のリスクを評価したうえで動きやすい環境を整え、活動する機会を奪わないように工夫します。老化や病の進行とともに活動することが難しくなった場合には、介護者は活動にこだわりすぎず、精神的な援助を心がけることも大切です。

Ⅵ　廃用症候群（生活不活発病）

　食事や水分の摂取が十分ではなく、活動性も低い状態で生活すると、心身のさまざまな機能が低下します。心身の機能を活用しないことにより、さまざまな機能が低下してしまうことを廃用症候群（生活不活発病）といいます。

　部屋にこもって臥床したまま誰とも話さずに生活していると、考える機能や話す機能な

どの低下、筋萎縮や関節の拘縮による運動機能の低下、内臓機能の障害などの健康課題が生じます。長い期間をそのような状態で過ごした人は、話しかけても反応が悪く、座位や立位をとるだけで疲れるため、すぐに横になり、さらに機能が低下するという悪循環に陥りやすくなります。

廃用症候群（生活不活発病）は、一見、認知症に似た症状を呈することもありますが、病院や施設に入り職員や他の利用者と関わり、リハビリテーションなどで活動性が高まることによって状態が改善することがあります。

活動性が低下する要因はいろいろありますが、特に、終末期の状態によるものか、廃用症候群（生活不活発病）によるものかを区別するのは非常に難しいものです。1週間、1か月といった長期的な観察によって判断し、ケアのあり方を検討することが求められます。

Ⅶ　口腔ケア

唾液には、でんぷんを分解する消化作用、噛みながら食物を軟らかくして飲み込みやすくする軟化作用、細菌の繁殖を防ぐ清浄作用などのさまざまな作用があります。

しかし、老化や活動性の低下によって唾液の分泌量が減少するといわれており、歯磨きやうがいを習慣化することにより、口腔内の清潔を維持する必要があります。全身状態が良くない場合には、口腔内の細菌による細菌性肺炎などを引き起こす可能性もあります。自分で口腔ケアを実施できなくなった場合には、介護者が口腔ケアを継続して実施することが大切です。

高齢者の場合には、口腔ケアを行う前に残存歯の数や口腔内の状態を確認して、歯ブラシ、スポンジ、ガーゼなど、口腔内を傷つけないものを選択して行います。ただし、認知症の人に口腔ケアを強制的に行うと、混乱を強めることがあります。混乱が強い時は、口腔ケアを実施することにこだわり過ぎず、落ちつくのを待ったり、混乱しない声かけや口腔ケアの方法を探すことが求められます。

今後の学習のための　キーワード

◎食生活の偏り　　◎徘徊　　◎脱水　　◎誤嚥

◎便秘　　◎低栄養　　◎廃用症候群（生活不活発病）

◎終末期　　◎転倒予防　　◎口腔ケア

（執筆：伊東美緒）

1　生活障害、心理・行動の特徴

認知症になると、記憶障害、見当識障害、認知障害といった中核症状により、不安や混乱を抱えやすくなります。介護者のケアが認知症の人にとって安心できるものでない場合には、周辺症状（BPSD）につながることがあります。

症状として捉えるだけではなく、認知症の人の心の内から症状を読み解こうとする努力が求められます。

ここでは、
① 認知症の人の心の内
② 周辺症状（BPSD）にみる認知症の人の思い
③ 原因疾患による認知症症状の違い
について**理解**してください。

Ⅰ　認知症の人の心の内

1　不安とともに生きる

何らかの病気にかかると、誰でも将来に不安を感じます。認知症の人が抱える不安は、漠然と「何かおかしなことが自分に起こっている」と感じるところから始まります。そのため初期の段階から、ときおり心の揺らぎを他人に打ち明けることがあります（事例1）。

わからなくなっていく不安は、原因疾患の種類に関わらず生じるようです。その状態に少し慣れたとしても、認知症がさらに進行すると、また不安定な状態に陥りやすくなります。本人なりに理解や解決をしようとして行動を起こすのですが、実際にはそれがうまく機能せず、認知症症状として現れる場合もあります。

事例1 ▷ 原因疾患が異なっても、不安を感じるのは同じ

アルツハイマー型認知症の場合には、自分の病気を認識できず「私はおかしくない。人の世話になる必要はない」と強く言い放ち、身近な人たちの援助を避けるような態度（病態失認的態度）を示す人がいます。そのような人も、ときおり「何かおかしい」とつぶやくときがあり、不安を感じていることを理解できます。「自分はきちんとしているつもりなのに、周囲の人から指摘を受けてばかりだ」という感覚で毎日の生活を送っているため、不安とともにいらだちを感じることが少なくありません。

血管性認知症では、自分の病を理解できる人が多いため、自分の頭を指さして「ここの血管が詰まって、歩くときも転びそうになるし、頭もおかしくなって。もう死んだほうがマシです」と語る場合があります。自分がおかれた状態をある程度理解できるからこそ、不安や喪失感を抱えやすくなります。

2　抑うつ

　認知症になる少し前、または認知症の初期に、抑うつ症状がみられることがあります。自らの身の上に起こっているおかしなことに気づき、強い不安を感じながらもその事態は受けいれ難く、物忘れなどの初期症状に必死であらがう過程において、徐々に意欲を失っていくようです。

　事例1の「何かおかしい」、「もう死んだほうがマシ」という発言は、強い不安によって抑うつ状態に陥りつつあることを示しています。なお、この時期の抗うつ剤は著しい効果を示さないことが多いとの指摘もあります。

　介護者は、あまり否定的な関わりにならないよう注意して、わからなくなりつつあることへの強い不安を理解し、そばに寄り添うことが大切です。

Ⅱ　周辺症状（BPSD）にみる認知症の人の思い

1　周辺症状の成り立ち

　脳が障害を受けて、直接的に現れる症状を中核症状といいます。中核症状には、記憶障害（とくに近時記憶の障害）、認知障害、見当識障害などが含まれていて、避けがたい症状と捉えられています。※近時記憶…数分から数ヶ月間保持される記憶

　それに対して、妄想、徘徊、弄便、暴言・暴力など、さまざまに表現される周辺症状は、多くの場合、脳の障害から直接的に現れる中核症状からだけではなく、周りの雰囲気や介護者の関わり方も影響します。中核症状と周辺症状を明確に区別するのは難しい部分もありますが、認知症症状の理解を進めるために、便宜的に区別しています。

　周辺症状という表現については、最近では心理的な症状と行動障害を合わせたBPSD（Behavioral and Psychological Symptoms of Dementia：認知症の行動・心理症状）と表現されることが増えてきました。従来の周辺症状の概念よりもより広い捉え方をしたもので、認知症初期の行動的変化だけでなく、心理的変化も含んでいます。日本ではBPSDを周辺症状の同義語として使用することが多いようです。

　図表3−1は、脳障害から周辺症状が起こるまでを簡略化したものです。脳が障害を受けて中核症状が現れますが、そこに身体的・心理的・状況的要因が絡まって周辺症状に至ることを示しています。

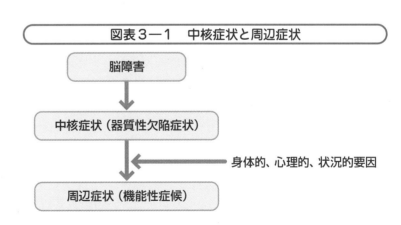

図表3−1　中核症状と周辺症状

脳障害

↓

中核症状（器質性欠陥症状）

↓　← 身体的、心理的、状況的要因

周辺症状（機能性症候）

出所：小澤勲「痴呆老人からみた世界」岩崎学術出版社，1998　一部改変

2　周辺症状に影響するケアのあり方

　例えば、認知症の人が怒り出して暴言・暴力に至ると「認知症の症状」として短絡的に評価しがちです。しかし、周辺症状は中核症状から直接的に現れるわけではなく、さまざまな要因が影響して現れるもので、なかでもケアのあり方は重要な要因の一つです。

　周辺症状を理解するためには、周辺症状が生じる前の状況を把握する必要があります。認知症高齢者には自分なりの意図があって行動しようとしている場合でも、中核症状があるために常識的とはいえない行動をすることがあります。そのような行動に対する職員の対応が、周辺症状への移行を左右する可能性があります（事例2・事例3）。

事例2　作話への対応

　鍋を火にかけたという自分の行為そのものを忘れてしまう「エピソード記憶の障害」を抱えた母親の話です。鍋を火にかけたまま放置してしまいました。たまたま訪れた娘が気づいて火を止め、「お母さん、お鍋を火にかけたまま台所を離れると危ないじゃない」と言うと、「あら、それは隣の奥さんが来てやったのよ」と堂々とした態度で答えました。

　これは作話と呼ばれる症状で、周囲の人が明らかにおかしいと思う話を、本人は自信を持って答えます。「そんなはずはないわ」と否定すると怒り始めることも少なくありません。

　作話は、脳障害を生きるという困難な条件の下で、対人関係を確保し制御しようとする最大限の試みと考えることができます。作話は、必ずしも意図的になされるとはいえず、無意識的に（考える時間をかけずに）行われることもあります。

　もし、娘が「隣の奥さんが来てやるわけがないでしょう」と現実に即した対応をしたら、関係性を確保しようとする試みを崩され、混乱して怒り出したかもしれません。「それは大変だから、私も気をつけておくわね」などと話を合わせるほうが、関係性を維持する関わりになります。

事例3　ケアの仕方で反応が異なる入浴介助

　入浴を強く拒否する認知症の人は少なくありません。介護者は、毎日もしくは1日おき程度に風呂に入るのは当たり前という感覚を持っているため、何日もお風呂に入らない人に対しては、強制的な入浴介助をしてしまいがちです。

　ある施設では、職員の一人が後ろから羽交い締めにして、もう一人の職員がズボンを下げるというように、強制的に服を脱がせて浴室に連れていきました。すると、認知症の利用者は大きな声を上げて暴れ始めました。

　このようなケアでは「またお風呂に入りたい」という感情が生まれないばかりか、嫌悪感や拒絶反応が強まり、暴言や暴力を引き起こす場合も少なくありません。

　またある施設では、入浴にこだわらず、①蒸しタオルで毎日頭を蒸してから拭き取る、②朝夕蒸しタオルで顔や手などの出ている部分を拭く、③機嫌のよいときに上半身だけを拭く、④別の日にトイレにお湯の入ったペットボトルを持っていきお尻を洗う、⑤職員に時間のできたときに、バケツにお湯を入れて足浴をする、というような部位ごとのケアをしました。すると、入浴のときほどの拒否反応はありませんでした。

　この際、気をつけなければならないのは、「気持ちいい」と思ってもらえるケアの仕方です。蒸しタオルでサッと拭くだけでは寒さが残ります。しっかり蒸して温めてから肌を拭くことで気持ちよさを実感できますし、乾いたタオルで拭き取れば寒さを感じさせずに済みます。

　服を着ている職員の前で素裸になることに抵抗を感じるのは当たり前ですから、部位ごとに清潔のケアを行えば露出部分を減らせるので、抵抗が少なくなる場合があります。

3　ケアでは解決できない周辺症状も

　周辺症状のなかには、ケアでは解決できないものもあります。攻撃性が強く、攻撃的な言動が出現する前後を観察しても、きっかけと考えられることが見つからない場合などです。どんなにケアを工夫しても改善が認められず、家族、ほかの利用者、職員などに危害を加える可能性が続くときは、周辺症状の現れ方を経時的に観察します。そして、必要があれば受診して、医師の判断により抗精神病薬などを用い、症状を抑制する可能性について検討されることもあります。

　攻撃的な症状は、もともと気丈な性格の人に多いようです。自分の努力であらゆることを乗り越えてきた自負心があるからこそ、認知症によってわからなくなる自分、できなくなる自分を受けいれられない辛さを他者に向けてしまうのかもしれません。他者をひどい人間に仕立て上げることによって、自分の優位性を保とうとするのです。

　なお、受診して、薬剤を使うようになった場合にも、薬剤に頼りすぎず認知症の人の心底を察して関わり方を検討する必要があります。とくに攻撃性の強い利用者の場合には、声をかけると怒り出すという不安感が先行して、職員が無意識のうちに目をあわせない、声もかけないといった対応をとりがちです。そういった職員の態度が、攻撃性の強い認知症高齢者に疎外感を感じさせ、さらに症状を悪化させる可能性があることを理解しましょう。

　また、特定の職員が攻撃を受け続けた場合は、訪問介護の場合には一時的に担当者を変えてもらったり、施設の場合には配置替えしてもらったりなどの対応が必要になる場合もあります。また、毅然とした態度で攻撃対象となった職員を守る職場のフォロー体制も必要です（事例4）。

事例4　介護職員が攻撃された場合はフォローを

　ある施設では、認知症の利用者が特定の職員を対象に、「○○（職員）がお金をとった」「○○はすぐ泥棒するからあなたも気をつけなさい」などと執拗に責め立てました。

　対象になった職員は、攻撃されても強く言い返さないタイプです。どうやら職員の反応を見て、攻撃対象を選んだようです。その職員は執拗な攻撃に疲れ果て、離職を考えました。

　同僚はその利用者に、「私は彼女を信用していますから、そう言われるのはとても悲しいです」などと毅然とした態度で自分の感情を伝え、攻撃対象を守ろうとしました。

4　訴えに気づき、原因を探る

　認知症の人は、記憶障害があるため、同じことを話したり、同じ行動を繰り返すことが多いのですが、ときに、ある一つのことに執着し、切羽詰まった様子で繰り返し訴えてくることがあります。いつもと異なる態度で同じ言動を繰り返す時には、そこに何らかの理由があることを意識しましょう。言語から意図を理解することが困難であるため、行動や態度から原因を探る必要があります。

　認知症の人の訴えに気づくこと、その訴えに関心を持つこと、訴えの原因を探ろうとすることによって、認知症の人がうまく表現できない内面の世界を理解できることがあります（事例5）。

事例5　**訴えの原因は劣等感**

　ある施設で、80歳代の女性（Aさん）が突然、学習塾の広告を持って来て、悲痛な表情で「大学に入らなければならないから塾に行かないと」と訴えるようになりました。初めのうち職員は、さほど気に留めていませんでした。ところが数週間経っても、訴えは収まりません。

　職員が訴えのきっかけを探ったところ、久々にAさんの息子夫婦が孫を2人連れて面会に来た後から始まったことに気づきました。家族の情報を確認すると、Aさんの夫は医師で有名大学を卒業しており、息子夫婦も、2人の孫娘も、ともに名門大学を卒業していました。面会は、末の孫娘が大学院に合格したことを報告するためでした。一方で、本人は地方の女学校を卒業したのちに結婚し、専業主婦として家族を支えてきたことがわかりました。

　これを知った職員が「ご家族の皆さん、優秀ですごいですね」と話しかけたところ、「私だけバカだから、みんなの恥にならないようにしないと」とつぶやきました。この職員は、Aさんを傷つけてしまったと落ち込みました。

　しかし、この会話がヒントになりました。職員は、Aさんが優秀な家族に囲まれて劣等感を持ち続けてきたことに気づきました。「学習塾に通って大学に行こう」というAさんの思いは、それまで抱いていた劣等感を払拭するためであり、認知症という病によって、それが表出されたのだと考えられました。

　それから職員は、繰り返し「母親として立派です」「私は足元にも及ばない」などと語りかけました。その後、Aさんは少しずつ笑顔を取り戻し、同時に、訴えも徐々に減っていきました。その人が大切にしてきた生き方を、心から讃えるケアが求められています。

Ⅲ　原因疾患による認知症症状の違い

　「認知症」とひとくくりに説明されることが多いのですが、介護をするときには、認知症の原因疾患によって特徴的に現れる症状を理解する必要があります。

　ここでは、日本において三大認知症と呼ばれるアルツハイマー型認知症、血管性認知症、レビー小体型認知症に特徴的な症状について説明します。

1　アルツハイマー型認知症

(1)　強い不安により、同じことを繰り返し訴える

　アルツハイマー型認知症の人は、強い不安を抱えやすいといわれています。これは、早期から生じる記憶障害（エピソード記憶の障害）や判断の障害などによるものです。強い不安のため何度も同じことを繰り返し聞いたり訴えたりするので、不安を和らげるためにも、周囲の人は丁寧に向き合う必要があります。家族や介護職員は、つい「さっきも言ったでしょう」と反応しがちですが、これが中核症状に基づく症状だということを認識したうえで対応するよう心がけてください。ただし、家族が毎日余裕を持って聞き続けることは難しいので、職員と同じ心がけを「家族も持つべきだ」と思い込まないようにしましょう。

(2)　身体機能が高く、行動範囲が広い

　血管性認知症では、マヒなどの運動障害が生じるために行動範囲が狭められることがありますが、アルツハイマー型認知症の場合には身体機能は比較的高く保たれるため、行動範囲が広いという特徴があります。

　認知症の人が歩き回る場合、介護職員がドアに鍵をかけたり、椅子を動きにくくするなど、動きを制止することがありますが、認知症の人にとってはさらに生活しにくい環境になり、症状が悪化することがあります。

　むしろ、自由に歩いてもらう工夫や、行動を制限することなく転倒を予防する工夫、施設入所者であれば、ほかの利用者の部屋に入らないための工夫などを検討する必要があります（事例6）。自由に動くことにより、動きを制止されるストレスから解放され、症状が安定する人もいます。

　転倒予防は重要なケアの一つですが、転倒予防が行き過ぎると廃用症候群（生活不活発病）を引き起こす可能性もあります。歩くことによって転倒の危険が高くなることは事実ですが、座ったままでいることによる廃用症候群（生活不活発病）の可能性も考慮して、家族と話し合いをする必要があります。

事例6　安全に動き回るための工夫を

　ある施設では、頻繁に歩き回る利用者（Bさん）に、転倒を防止するために「もうすぐ食事ですから座っていてください」などと、繰り返し声をかけてきました。ところが、落ち着いて座っていられない状態はアルツハイマー型認知症の特徴でもあります。

　職員から繰り返し制止され、ほかの利用者からも「あの人はおかしい」と罵声を浴びせられ、いよいよ居心地が悪くなったBさんは、「家に帰る」と、施設から出ようとしました。

　その後、歩き回ることを制止するのではなく、どうしたら安全に歩いてもらえるかを考えてみました。ふらつきの強い人だったため、車いすで移動する方法を教えてみました。フットサポートを上げ、車いすに座った状態で足を動かすと、車いすが進みます。

　慣れるまでは、ほかの利用者にぶつからないように職員が気をつける必要がありましたが、制止のストレスから解放されたためか、Bさんの症状は以前より安定しました。

---

(3)　偽会話を楽しむ

　アルツハイマー型認知症の人が数人集まり、バラバラな内容で、とても楽しそうに会話することがあります（事例7）。これを偽会話といいます。「偽」という言葉が使われているように、会話は必ずしも成り立っていませんが、利用者が雰囲気を楽しめればよいと考えましょう。

　介護者にも、会話が成立することよりも、その雰囲気を楽しめるような関わり方が求められます。

事例7　偽会話に水を差さない

　デイサービスセンターで、アルツハイマー型認知症の人が数名集まってとても楽しそうに話していました。よく聞いてみると、とても不思議な会話です。

「どうもお昼をいただいていない気がするけど、忘れっぽくてダメね。おたくはどう？」

「そうそう、私もダメよ。アレがどうしてそうなるのかしら」

「うちは息子がまめに来てくれるの、とてもいい息子なの」

「うらやましいわ。私たちはお昼をいただいてないの」

　つながっているようでつながっていない会話が続きますが、笑いのタイミングだけは一致しています。そばにいる職員もニコニコ笑っています。

　仮に、職員や家族が、「お昼ご飯の話？　息子さんってどう関係があるんですか？」とつじつまを合わせようとすると、この雰囲気が崩れてしまう可能性があります。

2　血管性認知症

(1)　覚醒水準の低下

　脳血管疾患（脳梗塞・脳出血・くも膜下出血など）のある人の多くは、覚醒水準が低下し、一日中眠そうにしています（事例8）。また、この覚醒水準の低下は、反応の鈍さにもつながっています。会話や行動がゆっくりで、身体を動かすことをおっくうがり、さまざまなことに関心を向けられなくなります。また、会話や行動がゆっくりになることから、自分にいらだちを感じて怒りっぽくなる人も少なくありません。

事例8　食事を摂ってもらうことが難しい

　ある血管性認知症の高齢者は、つい先ほどまでいびきをかいて寝ていて、やっと起きて朝食の席に着いたと思うと、少し食べただけでまた眠そうに頭を揺らしています。「朝ご飯ですから食べてください！」と声をかけると「はいはい」と返事だけをして、また眠ってしまいます。

　そこで、ゆっくり寝かせてあげようとベッドまで移動すると、歩行によって目が覚めてしまいます。食卓に戻って食べ始めるとまた眠るという繰り返しで、食事時間中に食事を摂ってもらうことが難しくなりました。そこで、歩行しないで少しだけ眠れるように、テーブルの上に枕をおいて寝てもらい、10～15分経ったところで起こして食事を勧めました。すると、これまでよりもスムーズに食べることができました。

---

(2)　覚醒水準の変動

　一日中ぼんやりしているわけではなく、目つきがしっかりして、周囲で起こっていることに関心を向ける時間帯もあります。覚醒水準が低下しているときには答えられなかった質問にも、しっかりと答えることができて、周囲の人を驚かせることがあります。特に、覚醒水準の移行期に不安定になりやすいようで、突然、攻撃的になることがあります。

　レクリエーションを行っているときの職員の大きな声が気に入らず、「一緒にやりましょうよ」という明るい声かけに対して、「うるさい！」と拳を振り上げることもあります。

　人が楽しんでいるのを眺めているだけでも十分な刺激になるので、無理にレクリエーションに参加してもらう必要はありません。ただし、ときには、にぎやかな場にいることすらストレスになり得るので、いらだちを示しているときには別の空間で休めるようにする配慮も大切です。

(3)　自己主張が強い

　通所系施設のサービスを利用し始めるときや、施設においてレクリエーションに誘うときなど、かたくなに拒む人が多いのも特徴です。アルツハイマー型認知症の人は、ある程度集団での生活を楽しめる人が多いのに対して、血管性認知症の人は、集団に交わるのが難しい傾向もあります。

　自分の病気の状態（病態）を認識できることが影響している可能性も考えられます。「脳梗塞という血管が詰まる病気になって、いろいろ面倒なことが生じているのはわかっているが、自分はそんな幼稚な遊びをするようなレベルにはない」という気持ちがうかがえます。

　このような場合には、少し知的と思わせるようなレクリエーションを提案してみます（事例9）。

事例9　レクリエーションを拒まれたら、別の提案を

　血管性認知症の人のなかには「年寄りばかりが集まってるところなんて行けるか！」と言って通所系施設に行きたがらなかったり、「みんなで風船バレーをやりませんか？」と聞くと「そんな幼稚な遊びはやらない」と断言したりする人がいます。

　ある通所系施設では、少し知的なレクリエーションとして、習字を提案しました。

　このとき注意しなければならないのは、例えば、習字の先生をしていた人に習字を勧める場合、昔のように上手に書けなくなったことを露呈させてしまう可能性があることです。本人が喜んで取り組むときはよいのですが、習字を実際に書いてみることによって、昔と違う自分に気づかされ、不安を強めたり、うつ状態になるのでは逆効果です。

　そこで、その施設において、習字の先生をしていた人の書く機能や書く意欲が低下していることが分かった時、書いてもらうのではなく、職員が字を書いて助言をお願いしていました。利用者は生き生きとした様子でトメやはらいについて説明していました。

3　レビー小体型認知症

(1)　保たれる記憶と幻視

　初期から中期にかけては、もの忘れなどの記憶障害は目立たないことが多いので、認知症と理解されにくいことがあります。しかし、意識がはっきりしているときと、ぼんやりしているときが繰り返され、ぼんやりしているときには何を聞いてもはっきり答えられないような状態になるので、周りの人はその変化に驚かされます。

　また、もの忘れがあまり目立たない時期から、幻視やパーキンソン症状が認められるのが特徴です。幻視とは、実際には見えないものが本人にははっきりと見える症状です。レビー小体型認知症の幻視では、小動物や人などがありありと見えることが多いようです。「虫が体中をはい回っている」「ここにいる子どもにご飯をあげないと」などと言って、実在しない虫や子どもの動きを目で追う人もいます。

　介護職員は、利用者が幻視を見ていると感じた場合、言葉だけでなく、行動や態度を観察し、必要に応じて受診につなげます（事例10）。幻視によって利用者が興奮状態に陥った場合は、相手の反応を見ながら関わり方を考えます（事例11）。

事例10　幻視の気づきから早期受診

　レビー小体型認知症の診断のついていない人が自分の服を何度もつまむので、職員が「どうしたんですか？」と声をかけると「虫がいるのよ」という返答がありました。それを家族に伝えたところ、病院の早期受診につながりました。認知症による症状であることが分かり、家族による認知症の人への否定的な対応は減りました。

事例11　相手の反応を見て関わり方を考える

　あるとき利用者が、暗闇でカーテンを見て「人の影に見えた」と言いました。「誤認」と考えられる場合には、それを伝えてみる必要があります。

　一方、子どもや虫などの「幻視」が明らかに見えて興奮している場合、職員が「そんなものありませんよ」といった否定的な態度をとると、かえって興奮を招きます。幻視の様子を聞き、一緒に虫を払うなど、安心させる行動が有効な場合もあります。反対に、冷静に淡々と幻視の説明をする場合などは、「私には見えませんけど」と伝えると、幻視であることを認める場合もあります。

⑵　パーキンソン症状

　パーキンソン症状を伴うこともレビー小体型認知症の特徴です。パーキンソン症状とは、手の震え（振戦）、緩慢な動作、表情が乏しい、小股歩行などのことを指します。パーキンソン症状が現れると、歩き出すと止まらなくなったり、バランスを崩しやすくなったりするので転倒の危険性が高くなります。立ち上がるときや、歩行時、階段の昇り降りのときには、転倒に注意して見守ります。

　訪問介護員やケアマネジャーなどが在宅介護で関わる場合には、転倒の危険性を高める要因を取り除きます。電気コードを壁伝いに固定したり、立ち上がり時につかみやすいベッド柵（サイドレール）を選ぶなどの工夫をします。

⑶　**睡眠時の異常な行動**

　眠っているのに、誰かに話しかけているような大きな声で寝言を言ったり、「ふざけるな！」と言って怒鳴ったり、暴れるなど、睡眠時に異常な行動をとることがあります。初期に現れることがあるので、介護者が早めに気づくことにより、早期受診につながるきっかけになり得ます。

　精神的に不安定になっているときには、悪夢を見やすく異常な行動が増えるようです。そのような時は、目を覚ますために、部屋を明るくする、テレビをつける、音楽をかけるといった対応で様子をみる必要があります。また、ベッド柵（サイドレール）や壁に頭や身体をぶつけることもあるので、緩衝材をつけることも効果的です。できるだけ精神的に安定した状態で過ごせるように、不安に思っていることをゆっくり聞くなどして関わりを工夫することが求められます。

今後の学習のためのキーワード

◎中核症状　　◎周辺症状　　◎作話　　◎アルツハイマー型認知症
◎偽会話　　◎血管性認知症　　◎レビー小体型認知症
◎幻視　　◎パーキンソン症状

（執筆：伊東美緒）

〔参考文献〕
①　小澤勲「痴呆老人からみた世界」岩崎学術出版社，1998
②　小澤勲「認知症とは何か」岩波書店，2005
③　小阪憲司「知っていますか？　レビー小体型認知症」メディカ出版，2009

2　利用者への対応

ケアする人の関わり方によって、認知症の症状を悪化させることがあります。

また、認知症の症状が激しく現れているときには、その背景を読み解き、認知症の人が安心、満足できるようなケアを考えることが大切です。

ここでは、
① ケアのあり方と周辺症状
② 認知症症状の背景を読み解く
③ 非薬物療法
について理解してください。

Ⅰ　ケアのあり方と周辺症状

第7章―3「1　生活障害、心理・行動の特徴」の図表3―1は、周辺症状の成り立ちを示したものですが、そこに、職員の関わりを含めて、周辺症状が現れるまでの流れを単純化して示したものが図表3―2です。中核症状によって不安や混乱を感じたときに、その動揺した状態に対してケアする側がうまく関わることができれば "ケアが届き"、ある程度の安定した状態を期待することができますが、動揺した状態に対してケアする側が責める、否定する、こちらの意図を押しつけるといった態度をとってしまうと "ケアが届かない" ことになります。

ケアが届かない、気づかないという職員の反応によって、さらに不安や混乱が増して周辺症状に至るということを示しており、中核症状から、直接周辺症状につながるわけではありません。ここでいうある程度の安定した状態というのは、周辺症状がなくなることではありません。周辺症状はあるけれども、以前よりは落ち着いた態度で過ごせることを意味します。

事例1・事例2からわかるように、職員の対応次第で、安定の方向に向かう場合と、さらに不安定になって周辺症状を引き起こしてしまう場合があります。常識にとらわれすぎず、認知症の人の安定を目指すにはどうしたらよいかを考えることが大切です。

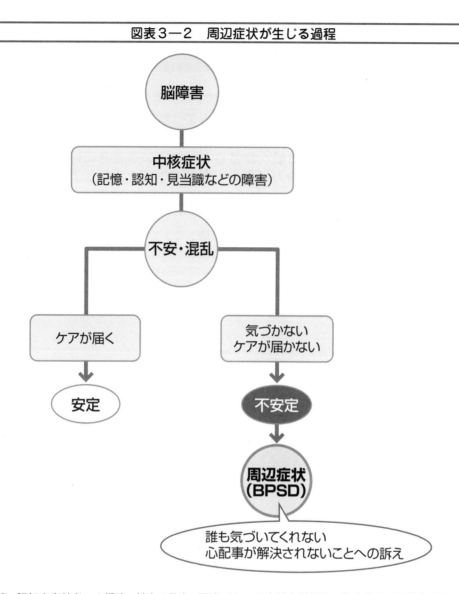

図表3-2　周辺症状が生じる過程

出所：伊東美緒. 認知症高齢者への援助. 対応の基本. 写真でわかる生活支援技術, 井藤英喜, 髙橋龍太郎, 是枝祥子監修. インターメディカ, 2011, p135.

事例1 ▶ **短い時間でもそばに寄り添う**

　ある施設には、中核症状である見当識障害によって、なぜ今、自分がここにいるのかを理解できない認知症の利用者（Cさん）がいます。"自分が置かれている状況がわからない"という不安から「私はどうしたらいいんでしょう」と繰り返し、職員に訴えます。

　それに対して、ある職員は、「心配ですよね、大丈夫、そばにいますから」と言って数分間だけCさんのそばに寄り添いました。Cさんの不安は、一緒に過ごしてもらう数分だけでも和らいだようです。すぐに一緒に過ごしたことを忘れてしまうため、同じことを繰り返しますが、短い時間であっても安心できる関わりを持とうとすることによって、施設の環境に慣れやすくなります。

　このとき、職員が「忙しいからこれ以上は無理」という気持ちで仕方なく寄り添ったとしたら、Cさんは直感的に見抜き、不安の訴えが増えて、別の症状が現れたかもしれません。

事例2 ▶ **職員の対応が症状の悪化を防ぐ**

　ある施設には、午前4時くらいになると、決まって廊下を歩き回る利用者（Dさん）がいます。言

語障害が進行して「うーうー」という低い声を出しながら歩くため、ほかの利用者から「夜中にうるさい」という苦情が出ました。Dさんは未婚で、保証人は姪だったため、入所以前の生活に関する情報がまったくありませんでした。

あるとき、Dさんの姪から「犬を飼っていたことがあるらしい」という話を聞きました。職員は、自宅から使っていない犬のぬいぐるみを持ってきて、Dさんに渡しました。

すると、午前4時くらいに廊下に出て歩くことは変わらないのですが、ゆかたの腰紐を犬のぬいぐるみに巻きつけて引きずっています。声は出さず、ときどき犬のぬいぐるみを振り返りながら、2周ほど歩いて自分のベッドに戻りました。

この事例では、何らかの理由で歩き続ける人に、関心を向けられそうな物を提供したことが「ケアが届く」ということです。以前と同様に歩き続けていても、声を出さなくなったということは、症状が少し安定してきたと解釈できます。

ところが、Dさんが廊下をひきずった犬のぬいぐるみを自分のベッドに入れるため、別の職員から「不衛生だから回収したほうがよいのではなのではないか」という意見が出ました。たしかにぬいぐるみにはたくさんの埃が付着していました。

職員が話し合った結果、回収するのではなく、1日1回ぬいぐるみを拭いて、少しでも衛生を保つ努力をすることにして、症状の悪化を防ぎました。

仮に、ぬいぐるみを回収していたら、元の状態に戻ってしまったかもしれません。

1　認知症の人からのメッセージに気づく

認知症症状への対応としては、徘徊をどう止めるか、暴言を防ぐにはどうしたらよいか、などと考えがちです。これでは、介護者の意図をさらに押し付けることになり、うまくいきません。

第7章—1「1　認知症ケアの理念」でも述べたように、認知症症状は暮らしのなかで現れます。「認知症という病によって毎日の生活に不自由が生じ、実際にはうまくいかないけれども、自分なりに何とかしようとしてさまざまな行動を起こしている」と考えてみると、認知症症状は認知症の人からのメッセージであることに気づきます。認知症の人が表しているメッセージに対して、周りにいる人たちが気づかない、もしくは批判的であれば、さらに症状が悪化すると考えられます。

2　ケアのなかにある強制を減らす

認知症になると、言語能力の低下に伴い、言葉を理解することや、言葉を話すことが難しくなります。例えば、「家に帰りたい」と繰り返す場合は、"施設より家のほうがよい"のではなく、"その空間にいることが嫌"という場合が少なくありません。認知症が進行して言語能力が低下するほど、直感力で生き抜こうとするようです。職員の声かけのなかに強制的な要素が含まれる場合は、直感的に認識し、敏感に反応してしまうと考えられます（事例3）。

介護施設などでは、とくに職員の声かけが強制的になりやすくなります。複数の職員が同じ声かけを繰り返す場合もあります。集団でケアする場において、強制的な要素をすべてなくすことは不可能ですが、不必要な強制を減らす努力が必要です。

事例3　通所介護施設での声かけ

　朝、送迎バスが施設に到着して、職員が利用者を迎えるときのことです。

　「靴を脱いで下駄箱に入れてください」「上着を脱いでください」「上着はそこに掛けてください」「かばんは棚に入れてください」と、職員が、いつものように「～してください」と丁寧な言葉で声をかけました。ある利用者が上着を脱ぐことを拒否しました。職員は言葉をかえて、懸命に上着を脱ぐよう誘導しますが、脱いでくれません。そのうち、その利用者は「家に帰る」と言い出しました。

　丁寧に伝えたはずの言葉は、「上着を脱げ」など、すべて命令形に置き換えることができます。「帰る」と言った利用者は、繰り返される職員の声かけのなかに、直感的に強制的な要素を認識して、敏感に反応したと考えられます。

　その職員は、無理な声かけをあきらめました。利用者は上着を着たまま座っていました。

　ところが、経緯を知らない別の職員が来て、「どうして上着を脱いでいないんですか？　脱ぎましょうよ」と声をかけてしまい、また、利用者は「家に帰る」と繰り返すようになってしまいました。

3　言葉に頼りすぎず、納得できる関わり

　記憶障害や言語障害によって、言葉を理解すること、言葉を話すこと、言葉を覚えておくことが難しくなります。このような人に接するときには、言葉を用いて説得しても理解してもらいにくいものです。

　介護者が、自分たちの常識に合わせた"言葉による説明"を繰り返しても、認知症の人は理解しがたく、また、忘れやすいだけでなく、「この人たちは自分の意見を聞いてくれない人だ」という認識をもたせてしまう可能性があります（事例4）。

　介護者は、つい言葉による説得をしてしまいがちですが、言葉に頼りすぎず認知症の人が納得できるような関わりが大切です。

事例4　言葉による説得により不信感が生じ、施設から脱出

　ある施設には、「家に帰ります。主人が帰ってくるから夕飯の支度をしないといけないし、留守にしていたら心配しますから」と訴え続ける利用者がいます。これは帰宅願望と呼ばれている症状です。

　これに対して、職員は、「今は真っ暗だから明日にしましょう」と言葉で説明しました。何度説得しても、「家に帰らなければならない」「どうして帰らせてくれないの？」と訴え続け、最後には自分の意見を聞き入れてくれないことに対して怒り出し、ドアをたたいて暴言を吐くようになってしまいました。

　そのうえ利用者は、職員のことを"自分を閉じ込める人"と認識してしまい、「何とかここから出なければ」と知恵を絞って、職員が気づかないうちに玄関から出て行ってしまいました。

Ⅱ　認知症症状の背景を読み解く

　認知症症状が現れたとき、その症状に対して、「物盗られ妄想あり」「収集癖あり」と症状名を記録するだけでは、結局その症状をどう抑えるかというところに関心を向けてしまいます。介護者として必要なことは、その症状がどのような背景で現れているのかを読み解くことです。

1 物盗られ妄想

物盗られ妄想とは、「私の大事なものがなくなった」などと言いながら、頻繁に物を探し回る行為です。これは記憶障害によって自分がしまった場所を思い出すことができない、さらにエピソード記憶の障害により自分がしまった行為をまったく思い出せないといったことが原因となって生じます。一緒に探していた職員が見つけて「ここにありましたよ」と伝えると「あなたが盗ったでしょう」と語気を強めて詰め寄ることもあります。このような行為は一時的である場合と長期的に継続する場合とがあります。

物盗られ妄想は、気丈な女性に多いとされており、できなくなってしまった自分・わからなくなってしまった自分を受けいれることができず、うまく対応できない場面に遭遇したときに、その責任を人に転嫁したくなる心理が背景にあるようです。

一方で、職員の対応が影響する場合もあります。物盗られ妄想のある人のなかには、あちこちから紙やタオルなどの日用品を集めてくる収集癖も認められる人が多くいます。鼻をかんだティッシュをポケットやかばんに詰める人や、便失禁したおむつをタンスの奥に隠してしまう人は少なくありません。そのような人に対して、清潔を保持するために本人に見つからないように片づけた結果、「知らないうちに盗られる」という印象を持たせてしまうようです。そして今度はこっそり集める習慣をつけてしまいます（**事例5**）。このような場合には、介護者の対応のあり方を検証する必要があります。

事例5 | **物盗られ妄想の原因を探る**

認知症の利用者が「大事なものがない。私のいない間に誰かが盗っていく」と言い出しました。職員はお金や通帳などの高価なものを想像してしまい、すぐに、「うちにはそんな人はいませんよ」と答えました。

その利用者は収集癖があり、鼻をかんだティッシュを大切そうにたたんでポケットにしまっていました。ティッシュボックスから取り出したばかりのきれいなティッシュも同じようにたたんでポケットにしまいます。ポケットがいっぱいになると、手提げ袋に入れ始めました。きれいなものとそうでないものをごちゃまぜにしながら集めるので、職員は不衛生に思ってそれを回収しようとしましたが、利用者はかたくなに拒否しました。回収を拒否された職員は、本人が寝ている間に、こっそり回収しました。何度も収集と回収が繰り返されるため、利用者にとっては、大切なものを盗られた体験をたびたびすることになってしまいました。

このようなときは、ティッシュを回収するのではなく、清潔なものと交換するといった対応をとることで、物盗られ妄想の症状を抑えることができたかもしれません。

---

2 不潔行為

認知障害により清潔、不潔といった理解や判断が難しくなると、トイレではないところで排泄したり、痰を床に吐き捨てたりといった不潔行為が生じることがあります。便を手に持ってあちこちにつけてしまったり、ときには食べてしまうことを弄便といい、これも認知症の周辺症状の一つですが、ここにもケアのあり方が影響することがあります。

事例6では、利用者の意味のわからない言葉に対して、職員がまったく否定していません。ここで職員が語気を荒らげて反応してしまうと、暴言や暴力などの更なる周辺症状につなが

った可能性があります。

　普段の生活からは想像できない事態に出会った時には、介護者の一瞬の反応が周辺症状に影響するということを考えて対応することが求められます。

事例6 弄便（ろうべん）があっても否定しない

　認知障害が進むと、排便をコントロールできなくなり、オムツに排便してしまいますし、便を便として認識できなくなります。オムツに排便しても、職員を呼んできれいにしてもらおうという意思が働かないので、気持ち悪さからオムツの中に手を入れてしまいます。オムツの中に手を入れると、当然便がつきます。

　認知障害によって、便を便として認識できないため、手についた便を見て「これは何だろう？」と思います。ここまでは避けられない症状である中核症状が影響しています。

　ケアのあり方が影響するのはここからです。ある施設で、80歳代の女性（Eさん）が夜中にベッドの上に正座をしていました。夜間の巡回（じゅんかい）で訪室した職員は、電気をつける前に便の臭いから「また弄便だ」と理解しました。さて、部屋の電気をつけてみると、サイドレール（ベッド柵）につけるオーバーテーブルの上に丸めたらしき便が3つほど乗せられています。職員が絶句（ぜっく）していると、Eさんは「どうぞ召し上がれ」と言いました。その職員は介護の仕事についたばかりで慣れていなかったので、「はぁ」と言って、持っていたビニール袋に丸めた便を入れて、とりあえず部屋を出て片づける準備をして再度訪室しました。

　「ベッドの上が汚れているので片付けますね」と声をかけると「あらあら、すみませんねぇ。昔はこんなじゃなかったの」と言います。その後、Eさんはゆっくりベッドから降りて、パイプいすに座り、お湯の入ったバケツに手を入れて自分で手を洗いました。シーツを交換するときにも、ニコニコしながら手伝ってくれました。言葉の意味はわからないけれども、実態のあることはスムーズに行動できるのです。

　やっと片づいて、「おやすみなさい」と声をかけると、「おやすみなさい」と返事をして、しばらくすると入眠しました。

　慣れない職員は、どうしてよいのか分からないこともあり、意味のわからないEさんの言葉を、まったく否定しませんでした。しかし、介護に慣れてくると「どうしてこんなことになってるの!?」と、語気を荒らげて反応する職員もいます。その場合、暴言や暴力などの更なる周辺症状につながった可能性があります。

3　認知症の人の気持ちを満たす努力

　認知症の人が何かを求めてきたとき、介護職員が常識にこだわりすぎると、認知症の人の言動を否定することにつながり、気持ちを満たしにくくなります。介護職員の常識には根拠があるのか、常識を優先することが、本当に認知症の人にとって大切かを考える必要があります（事例7）。

　「ダメ」という回数を減らし、「気持ちを満たす」ことを意識した対応を考えることによって、認知症の人が落ち着きを取り戻しやすくなります。そのためには、認知症の人の気持ちを察して、相手の世界に合わせることが求められます。たとえ事実と異なることを言っていても否定する必要がなければ、うなずきながら聞くようにしましょう。また、認知症症状は日常の生活のなかでさまざまな要因が影響していることを考えると、すべての援助行為が認知症ケアのためのコミュニケーションであるといえます。お茶を配る時、ただ配るのではケ

アではなく作業になりますが、一人ひとりと目を合わせ、一言声をかけて配ることが認知症の人の心の安定につながるかもしれません。するとこれは認知症ケアということになります。日々の何気ない関わりも、すべてが認知症症状に影響し得ることを理解しましょう。

さらに、認知症の人は言語を扱うことが難しくなります。それなのに、介護職員は言葉で説得しようとしがちです。言葉を扱うことが難しい人達だからこそ、身体を通したコミュニケーションが大切です。認知症の人の表情、視線、態度、行動から気持ちを察し、できないことや失敗が露呈（ろてい）しないように気遣（きづか）いながら、認知症の人の辛（つら）さを想像してみましょう。介護職員が認知症の人の辛さを意識し、思いやることができれば、それは職員の表情、視線、態度、行動に現れます。言語に頼った表面的なケアで解決しようとせず、介護する人が自分の本音に向き合いながら、自分の態度なども含めてケアのあり方を考えることが大切です。

施設の場合は、施設の形態によって対応できることが異なりますが、施設の管理者や家族に相談して、できることを探すことが重要です。

事例7　夜中に食べ物をほしがる場合

　ある施設には、一日中歩き回るアルツハイマー型認知症の利用者がいました。夜中になると必ず、「何か食べ物をください」と言います。職員は、「もう夜遅いので体に悪いから明日にしましょう」と、ベッドに誘導します。しかし、一旦（いったん）ベッドに横になっても空腹で眠れないようで、すぐにベッドから出て「食べ物をください」と訴えに来ます。この繰り返しで、夜勤の職員はすっかり疲れ果ててしまいました。

　そこで、その施設では職員間で話し合いの場を設け、まずは利用者の訴えの理由を考えることにしました。その結果、以下のような理由が考えられました。
① 夕食後6時間も歩き続けていればお腹が空く
② 空腹では眠りにつきにくい
③ 空腹で、眠れないとイライラしやすい
④ 訴えても誰も対応してくれないので、大声を出すなどの周辺症状に移行する可能性がある

　そして、「夜中に食べるのは体に悪い」という常識よりも、眠れない苦痛やそこから派生（はせい）する問題に気づき、それに対応するためのケアの方法を検討しました。

　利用者に糖尿病などの疾病がないこと、最近は体重が減少しているということを確認し、体重が元に戻るまでは、おにぎりなどを提供することにしました。そして体重が戻ったら、豆腐やところてんなどカロリーの低いものを提供することにしました。

4　認知症ケアを実践（じっせん）する難しさ

認知症ケアにおいて、もっとも対応に苦慮（くりょ）する症状の一つとして、近時記憶（数分から数か月間保持される記憶）の障害があります。少し前のことを覚えていることができないから、何度も同じことを訴えてきます。すると、ほかの仕事がはかどらず、介護職員はいらだちを感じてしまい、たった数分のことであっても思いやる気持ちを持ち続けることが難しくなります。

介護の仕事は利用者の生活を支える仕事であるがゆえに、終わりなき家事業務もケアと同時に担（にな）わざるを得ません。ここまでやったら終わりという区切りがないままに延々（えんえん）と続きます。

そのなかで、ゆったりと認知症の人の話に耳を傾（かたむ）ける余裕を持ち続けるのは難しいものです。また、職員の要領（ようりょう）のよさや価値観の違いが、家事業務をさらに難しくします。きれい好

きで手際のよいある職員は、拭き掃除は毎日するべきだと主張します。一方で、利用者との関わりを大切にしたいと考え、手際がそれほどよくない職員は、掃除はほどほどにして、利用者と話す時間をとるべきだと主張します。意見が食い違うので、職員同士の人間関係が難しくなることがあります。

認知症ケアにおいては、絶対的に正しい答えが見つかることは少ないので、職員間の意見の違いを調整することが求められます。職員同士の関係がギスギスしていると、認知症の人はその雰囲気を感じとり、落ち着きをなくす場合があります。一人ひとりの職員が自分の価値観を主張しすぎて職員同士の関係を崩さないように気をつける必要があります。

5　施設ケア特有の難しさ

施設で多数の高齢者のケアを行わなければならない場合には、特有の難しさも生じます。「利用者本位」「その人らしさを大切に」といっても、たくさんのその人らしさを同時に大切にするのは至難の業です（事例8）。

言葉自体は、とても理解しやすく、簡単にできそうに感じてしまいますが、とくに複数の高齢者を同時に介護する場面では、実践するのは難しいことを理解しておく必要があります。

事例8　「利用者本位」の実践が容易ではない施設ケア

同じ施設に入所しているAさんは、軽度の認知症です。認知症が進行して歩き回ったり、大きな声で叫んだりするBさんをみて、Aさんは「あんなになったらおしまいよ」と聞こえるように文句を言います。Cさんは認知症ではないのですが、脳血管疾患により左半身に重いマヒと言語障害があり、立位をとる時や歩行時には職員の介助が必要です。Cさんに対しても、Aさんは「あんなに若いのに人の世話になってばっかりで情けない」と文句を言います。

施設ケアでは、何人もの利用者同士の関係性が絡み合っているため、職員は対応に困ることがあります。例えば、認知機能の低下したBさんや身体機能・言語機能の低下したCさんをかばうような対応をとると、さらにAさんの攻撃的な態度が増すことになります。だからといってAさんの攻撃的な言動を容認するわけにもいきません。

Aさんは自分の機能が低下しつつあることに気がついているため、重度の認知症症状や身体の障害を持つ人を見ることで不安をかきたてられ、攻撃的な言動を示しているのかもしれません。また、Bさん、Cさんはともに多くの介護を必要とするため、職員がよく関わることをうらやむ気持ちがあるのかもしれません。

すると、Bさん、Cさんをかばうようなケアよりも、まずはAさんへの声かけを増やすなどの対応をとり、Aさんの気持ちが安定することを優先します。そうすることで、最終的にはBさん、Cさんへの暴言を減らすことにつながることが予測されます。

このように、施設では一人の人の症状だけを読み解いて利用者本位のケアを実践するだけでなく、利用者同士の関係性を見極める必要があります。利用者同士の関係性を考えながら、それぞれの利用者本位のケアを提供するのは容易なことではありませんが、利用者や職員の関係性を観察し、どのように関わることが利用者全体の安定につながるかを考えることが求められます。

6　認知症症状を観察するときのポイント

4、5で述べてきたように、認知症ケアの実践には難しい側面があるため、利用者や職員の関係性を含めて、認知症症状が現れる経緯や、関わりのあとの状態を観察する必要があります。

　認知症症状が強く現れた時、自分以外の職員がその認知症高齢者のケアにあたる場面を観察するようにしましょう。自分の行っていることを客観的に評価することは難しいものです。とくに認知症症状が強く現れている人に対応するときには、緊張を伴いますので、自分の行うケアについて冷静に、客観的に観察することは困難です。そこで、他の職員のケアの仕方を観察し、客観的に、好ましいケアとそうでないケアを見極めましょう。介護の仕事は忙しく、余裕がないのが現状ですが、休憩前や業務終了後の5分程度でよいので、観察する時間を作りましょう。

　好ましいケアは真似ることができます。そして好ましくないケアについては、多かれ少なかれ自分も同じことをやっているかもしれないという感覚で、自分のケアに重ねてみることが大切です。他人のケアを批判するのではなく、他人のケアの良くない点を自分に照らし合わせて、自分のケアの修正すべき点に気づくことが目的です。

　このように、認知症の症状をみるのではなく、認知症症状が現れる過程を関係性から読み解こうとすることで、ケアのあり方を変えることにつながります。認知症の人に何かをさせるケアではなく、介護する側が対応の仕方を変えるという発想で、改善点を探りましょう。

｜7　なじみの人間関係

　ケアのあり方によって周辺症状につながる可能性がある一方で、実際には「ケアが届く」ような関わりを進めるには困難も存在することについて説明してきました。

　職員がゆったり関わる時間には限界があるため、認知症の人たちが生活する場の雰囲気を調整することも大切です。認知症の人にとって身近な人間関係が居心地のよいものであれば、症状が落ち着くことがあります。

　図表3－3は、なじみの人間関係についてまとめたものです。「遠くの身内より近くの他人」という言葉がありますが、認知症の人にとっては心の遠近によって他者との関係性が変化します。言い換えれば、一緒に住んでいれば身内と認識するとは限らず、一緒に住んでいても、叱責、侮蔑、排除、放置といった関わり方をすると、心の距離があるため、他人として認識することがあります。

　反対に、まったくの他人であっても、訪問介護やデイサービス、入所施設などで関わる職員やほかの利用者が親しく関わることによって、「あなたがいると安心」という表現をしたり、「私のお姉さん」「私の息子」といった認識をすることもあります。実際には身内でなくても、身内として認識されたときには、心の距離が近いのだと理解することができます。

　なじみの意義として6つの項目（図表3－3）がありますが、職員、利用者を含めた施設の雰囲気が「なじみの人間関係」になることで、周辺症状が安定し、ケアや介護が円滑になることを考えると、日々の対応に振り回されすぎず、全体の穏やかな雰囲気を作り出すことにも関心を向ける必要があることがわかります。

　認知症ケアというと、職員が利用者に対して行うことという狭義の捉え方をしがちですが、職員同士の関係も「なじみの人間関係」の構成に影響することを理解して、自分の意見を主張しすぎず、他の職員や利用者の意見にも耳を傾けるという姿勢が必要です。

　また、介護施設の場合には、なじみの関係を意識して、座席を固定化する傾向があります。数人の認知症の人がなじみの関係を築き、よい雰囲気を作れたとしても、それが永久に続くわけではありません。なじみの関係を崩さないように座席を固定化してしまうと、そのメンバーの誰かの認知機能が悪化して関係性が崩れ、座席を変える必要が出てきたときに多くの

利用者から強い拒否を受けて対応が難しくなることがあります。

　なじみの関係は変化します。新しい座席や環境に対して、はじめは混乱を示す時期がありますが、様子をみているうちに新たななじみの関係をつくることもできます。介護職員が焦（あせ）らず、様子をみて判断する姿勢が大切です。

図表3－3　なじみの人間関係

　これには「遠くの身内より、近くの他人」に類似の、次の2つの現象があり、その遠近（えんきん）では心の距離が問題になる。

1）遠くの身内は他人へ（未知化、無関与）

　家族介護者が老人を叱責（しっせき）・侮蔑（ぶじょく）・排除（はいじょ）・放置（ほうち）し続けたり、長く面会に来ないと、心の距離（きょり）が遠ざかって身内でも他人として認識される。

2）近くの他人は身内へ（既知化、なじみの人）

　テーブル仲間の老女どうしが日常行動をともにしながら暮らしていくと、親しい相手の老女を兄嫁、いとこ、おばさん、あるいは小学校の同級生、夫婦（男女の場合）と勘違いするようになる。これはなじみの心（親近感）で結ばれて、安心・安住の生きる頼りの拠（よ）り所となって落ち着くためである（女の世界）。

なじみの意義	①周辺症状（BPSD）が消退する。
	②感情や意欲が活発化し楽しげに暮らす。
	③認知症老人の生きがいはこのなじみの人間関係にある。
	④なじみの自然でもっとも近いのは家族である。
	⑤老人となじみになるとケアや介護も円滑になる。
	⑥在宅介護や地域ケアの基盤もここにある。

出所：室伏君士「痴呆老人への対応と介護」金剛出版，2001　一部改変

Ⅲ　非薬物療法

　非薬物療法とは、作業療法や運動療法などのリハビリテーションや、創作活動などを通じて運動・精神機能を活性化させ、認知症症状を軽減・改善するための方法です。生活のなかで活動性を高めることによって、睡眠障害や周辺症状（BPSD）が改善したり、コミュニケーション能力が向上したりするなどの効果があります。

　非薬物療法には、作業療法、運動療法などのリハビリテーションのほか、心理・社会的なアプローチとしては、①感情に重点を置くアプローチ（例：回想法）、②認知に重点を置くアプローチ（例：リアリティ・オリエンテーション）、③感覚刺激に重点を置くアプローチ（例：音楽療法）、④行動に重点を置くアプローチ（例：行動療法）などがあります。

1　回想法（かいそうほう）

　高齢者が自分の人生を語ることにより、認知症症状の軽減、精神的な安定、対人関係の進展をもたらすことを目的としています。

　認知症高齢者の記憶を引き出し、懐かしい・楽しいといった思い出を蘇（よみがえ）らせることで、

精神的に心地よい環境を作り出します。ときには、辛い、苦しい、困難といった高齢者自身のなかでいまだに解決されていない過去が思い出されることがありますが、その困難が今の自分を形成していることに気づき、人生を統合させていくことを促すこともあります。

2　リアリティ・オリエンテーション

　時間や場所がわからないなどの見当識障害を軽減するための訓練で、現実認識を深めることを目的とします。個人の生活や家族に関する質問や、今いる場所や日付などの質問を繰り返します。会話の整合性が保たれることにより、対人関係や協調性を取り戻すことや、残存機能に働きかけることで、認知症症状の軽減を期待する療法です。

3　音楽療法

　音楽を聴いたり、歌を歌ったり、楽器を演奏することによって、心身のリラックス、不安やストレスの軽減、不適応な行動の減少、自発性向上、協調性改善などを図ろうとする方法です。音楽療法によって、興奮などの不適応な行動が減少したり、食事中に音楽をかけることによって、精神的にリラックスをして食事の摂取量が増えたりするなどの効果があります。

4　行動療法

　徘徊や失禁などの行動障害が繰り返し現れた場合、その行動の原因や行動のパターンを分析して、徘徊や失禁などの行動障害が起こる前に、声をかけるなどの関わりを持つことにより、行動パターンを変えていくものです。また、分析のなかで行動障害を引き起こした原因が明確になった場合には、原因を取り除くなどの環境調整を行うこともできます。

5　その他

　認知症の人に対するその他の療法としては、マッサージ療法、バリデーション、ペット療法、絵画療法などもあります。

 今後の学習のための　キーワード

◎見当識障害　　◎記憶障害　　◎言語障害　　◎物盗られ妄想
◎不潔行為　　◎弄便　　◎施設ケア　　◎なじみの人間関係
◎なじみの意義　　◎非薬物療法

（執筆：伊東美緒）

〔参考文献〕
①　小澤勲「痴呆老人からみた世界」岩崎学術出版社，1998
②　小澤勲「痴呆を生きるということ」岩波書店，2003
③　小澤勲「認知症とは何か」岩波書店，2005
④　室伏君士「痴呆老人への対応と介護」金剛出版，2001
⑤　井藤英喜・高橋龍太郎・是枝祥子「写真でわかる生活支援技術」インターメディカ，2011
⑥　健康長寿ネット　https://www.tyojyu.or.jp/hp/menu000000100/hpg000000002.htm
⑦　米国精神医学会 治療ガイドライン
⑧　野村豊子「回想法とライフレヴュー」中央法規出版，1998

1　家族との関わり方

　　身内の認知症を受けいれられない家族は、認知症の人の行動を叱責（しっせき）しやすく、それによって抑うつ状態や、激しい攻撃性といった症状の悪化につながってしまうことがあります。
　　家族の負担を想像し、その頑張りをねぎらうようにしましょう。介護職員が自分の辛さに気づいてくれていると感じることで、サービス利用に拒否的だった家族も本音が話せるようになることがあります。
　　ここでは、
　①　認知症の受容過程での援助
　②　介護負担の軽減（レスパイトケア）
　について理解してください。

Ⅰ　認知症の受容過程での援助

1　認知症初期にみられる家族の叱責（しっせき）

　認知症の初期には、もの忘れなどの症状によって徐々に日常生活がうまく運ばなくなります。本人も気づいて、事態を改善しようとして行動するのですが、常識的には理にかなっておらず事態を悪化させることが多くなります。

　この時期は、家族も身内の認知症をなかなか受けいれられないものです。そのため、家族は、本人にしっかりしてもらいたいという気持ちから叱責することが増えてしまいます（事例1）。このような状態が続くと、ふさぎこんで抑うつ状態になったり、反対に家族に攻撃（こうげき）的になるといった症状につながることがあります。

　介護職員がこのような場面に遭遇（そうぐう）すると、「なんて冷たい家族なんだろう。もっと優しくしてあげればいいのに」と感じてしまいます。そのような印象は言葉や態度に表れやすいので、家族がサービスの利用に拒否的になることもあります。

事例1　**よかれと思った行動で家族に叱責される**

　家族と同居している認知症の人が食器洗いをしたところ、洗った後の茶碗に泡がついたままになっていたので、家族は「泡がついてるじゃない。ちゃんと洗ってよ。しっかりしてよ、どうしちゃったの！」と叱りました。

　ほかの仕事で挽回しようと洗濯物をたたんでいると、洗濯した後のものとたまたまソファーに置いてあった洗濯していないものが混ざってしまいました。家族には「混ざっちゃったらわからなくなるじゃない！　こっちの仕事を増やさないで。もう何もしないで」と責められてしまいました。

2　家族と良好な関係を築く

　施設等で介護職員が認知症の人に関わるときには、毎日一人で対応するわけではありません。しかし、家族は毎日関わらなければなりません。仕事を持っている家族は、帰宅してからの家事・介護に追われます。さらに、夜間に活動的になる認知症の人と同居している場合には、睡眠不足にもなります。

　一方、仕事を持たず介護にあたっている人は、家という狭い空間の中で認知症の人と長い時間を過ごすため、精神的に追い詰められやすくなります。

　また、「老老介護」（高齢者が高齢の配偶者等を介護すること）、「認認介護」（認知症の人が認知症の配偶者等を介護すること）を行わざるを得ない世帯も増えつつあり、介護する側からすると自分のことをするにも苦痛やだるさがあるのに、配偶者等のことまで思いやる余裕がないという事態も考えられます。

　介護職員は、家族と良好な関係性を築くためにも、家族の大変さに気づき、その頑張りをねぎらう習慣をつける必要があります（**事例2**）。「この職員は私の大変さをわかってくれる」と感じるところから、お互いの距離が近づくと考えられます。

事例2　**見えない部分の大変さに思いを寄せる**

　施設に入所しているある利用者の家族は、数か月に1回しか面会に来ません。当初、この施設の職員は家族に対して「もっと面会に来てあげればいいのに」と不満を感じていました。ところが、面会をするためには多忙な息子に車で送迎してもらわなければならず、行きたくても行けない事情があったのです。

　担当の職員は、家族の見えない部分の大変さを理解して、回数が少なくても継続して面会に来られることに対して「いつもご苦労様です。ここまで来るのは大変ですよね、頭が下がります」と声をかけました。家族の気持ちも、少しは楽になったのではないでしょうか。

3　もっとも身近な人の前で強く現れる認知症症状

　何年も施設に入所している人の場合、介護職員の前ではとても落ち着いた態度をとるのに、家族に対しては攻撃的な態度になる場合があります。認知症症状は、その時にもっとも身近な人の前で強く現れます（**事例3**）。

　また、第三者からはまったく見えない症状があることを理解して、家族が「うちではこんなに大変なんです」と訴えたときには、できるだけゆっくりと家族の話を聞くように心がけ

ます。

　最初は家族の前だけで現れていた症状も、認知症の進行とともにほかの人の前でも現れるようになります。また、すぐに家族の力になれなくても、多くの家庭の大変さを聞くことによって、ある程度の傾向をつかむことができるようになる場合もあります。それによって、似たような症状の場合には、別の家族に対して助言できるようになります。

事例3　家族の前だけで現れる認知症症状

　病院を受診したときには医師の前で「先生のところに来たらすっかりよくなりました」ととても落ち着いてスムーズに話すのに、自宅に帰ると「財布がない」「かばんがない」と物を探し続けました。家族も一緒に探したりしましたが、何度もあることなので疲れてしまい、「自分でしまったんでしょ」と怒ることも増えました。その結果「あんたが盗った」と家族にその矛先を向けるようになりました。

4　これからの症状を推測して伝える

　認知症の進行に伴い、頻繁に徘徊するようになると、転倒の危険性が高くなります。すると家族から転倒しないようにケアすることを依頼される場合があります。転倒を防止するために行動を抑制すると、利用者のイライラが募り、症状が悪化してしまうことがあります（事例4）。

　このような場合、介護職員は、家族に対してその先に生じる事態を推測して伝えることが重要です。理解してもらえない場合は、まめに面会に来てもらうように依頼し、行動を制限されたときの本人の混乱を実際に見てもらうことも一つの方法です。

事例4　行動抑制の影響を推測

　徘徊が頻繁にみられるある認知症の入所者について、介護職員は家族から「絶対に転ばせないでください」と言われました。

　職員は、「転倒しないことを優先しすぎて行動を抑制してしまうと、イライラが募って大声で怒鳴るなど症状が悪化します。転倒の危険性はありますが、本人の症状を落ち着かせるためにはある程度自由に歩けるほうがいいと思います」と伝えました。

　それでも家族に「絶対に転ばせないように座らせてください」と言われたため、職員は、「ご本人の様子を見ていただきたいので、まめに面会に来てくださいね」と伝えてみました。

　家族は、行動を抑制されたときの本人の混乱を目の当たりにして、施設側の意見を受けいれてくれるようになりました。

Ⅱ　介護負担の軽減（レスパイトケア）

　認知症の人と一緒に暮らす家族には、大きな精神的・身体的負担がかかります。同じことを何度も聞かれることに疲れますし、徘徊する認知症の人と一緒に生活している場合には、音がするたびに「出て行ったのではないか」と焦って探さなければならず、睡眠不足も重な

ります。

　精神的・身体的な負担を抱えながらの介護は長続きしません。そこで、家族の介護負担を軽減するためのケアが必要になります。これをレスパイトケアといいます。レスパイトケアを効果的に行うことができれば、在宅での生活を長期化することができると考えられています。

　例えば、認知症の人が通所系施設（デイサービス・デイケア）に通うことにより、家族は認知症の人の行動を気にしなくてもよい時間を手に入れることができます。通所系施設では入浴介護も実施しているので、家族の身体的な負担が軽減されます。

　また、夜間の行動が激しい人が短期入所生活介護・療養介護（ショートステイ）を利用することによって、家族はぐっすり眠れるかもしれません。

　さらに、訪問介護を利用することによって、身体を拭いたり、家事を手伝ってもらうことができ、負担は軽減されます。訪問看護師が自宅に来てくれることにより、病気のことや生活のことを相談することができ、安心できるかもしれません。また、サービスを調整するケアマネジャーが来てくれることにより、介護保険や各種サービスについての情報を得ることができ、さらなるレスパイトケアを手に入れることにもつながります。

　このように、介護保険制度のもとでは、さまざまな職種が家族のレスパイトケアに携わっています。

　また、家族の精神的・身体的な負担を軽減するためには、ケアを担うだけでなく、声のかけ方や関わり方も意識しなければなりません。あまり指導的にならず、まずは大変さをねぎらうことから始めましょう。

◎認知症の人の介護をする家族の大変さ　　◎老老介護
◎認認介護　　◎レスパイトケア

（執筆：伊東美緒）

〔参考文献〕
①　井藤英喜・高橋龍太郎・是枝祥子「写真でわかる生活支援技術」インターメディカ，2011

理解度確認テスト（○×式）

第7章　認知症の理解（15問）

問　題

Q1　認知症が進行しても、「恥ずかしさや情けなさを感じさせない関わり」が必要である。

Q2　認知症のケアは、利用者が培ってきた価値観を維持できるように関わることが重要で、これを「パーソンセンタードケア」という。

Q3　認知症は、徘徊や暴力などの「中核症状」と、記憶障害や見当識障害などの「周辺症状」に分けることができる。

Q4　加齢による「もの忘れ」は、出来事全体を忘れることである。

Q5　前頭側頭型認知症は、ピック病が代表的であり、初期にはもの忘れよりも人格変化が目立つ認知症である。

Q6　認知症の人で少し食べても、すぐに食べることをやめてしまう場合は、長時間集中して食べることが難しいことが考えられる。

Q7　廃用症候群(生活不活発病)は、職員や他の利用者との関わりによって、状態が改善することがある。

Q8　「周辺症状」については、心理的な症状と行動障害を合わせた「BPSD」と表現されることが増えてきた。

Q9　アルツハイマー型認知症の場合は、身体機能は比較的高く保たれるため、行動範囲が広く、ドアに鍵をかける措置が求められる。

Q10　血管性認知症の場合は、目つきがしっかりして、周囲で起こっていることに関心を向ける時間帯もあり、レクリエーションを拒む場合は、必ず理解が得られるまで説得して参加してもらうようにする。

Q11　レビー小体型認知症の特徴として、実際には見えないものが見える「幻視」がある。

Q12　認知症の症状である徘徊、妄想、弄便などの行為に対しては、言葉による説得よりも、納得できる人間関係の構築が重要である。

Q13　認知症のケアでは、職員間の意見の違いを調整するのではなく、職員の価値観に基づいた対応を優先させる。

Q14　認知症の利用者の家族は、精神的に追い詰められることがあり、介護職は、家族の大変さに気づき、その頑張りをねぎらう習慣をつけることが求められる。

Q15　認知症の家族など、精神的・身体的な介護負担を軽減するための家族へのケアを「レスパイトケア」という。

A1　○（第1節「1　認知症ケアの理念」）
　認知症の人が一瞬でも落ち着くことができるような関わりを考えることが大切です。

A2　○（第1節「1　認知症ケアの理念」）
　認知症のケアにおいては、「できないことをできるように」という考え方にとらわれず、その人が一瞬でも落ち着くことができる瞬間を生み出すために周囲の人に何ができるか、という、人（パーソン）を中心（センター）とする考え方が大切です。

A3　×（第1節「1　認知症ケアの理念」）
　認知症の「中核症状」としては、記憶障害や見当識障害などがあり、「周辺症状」としては、徘徊や暴力などかあります。

A4　×（第2節「1　認知症の概念と原因疾患・病態」）
　認知症の「もの忘れ」では、出来事全体を忘れてしまいます。

A5　○（第2節「1　認知症の概念と原因疾患・病態」）
　前頭側頭型認知症では、脱抑制的な行動がみられることがあります。

A6　○（第2節「2　原因疾患別ケアのポイントと健康管理」）
　栄養やカロリーのあるものを先に食べるようにするなどの工夫をします。

A7　○（第2節「2　原因疾患別ケアのポイントと健康管理」）
　部屋にこもって臥床したまま、誰とも話さずに生活していると、考えたり話したりする機能が低下し、関節の拘縮により運動機能が低下したりします。

A8　○（第3節「1　生活障害、心理・行動の特徴」）
　行動的変化だけでなく、心理的な変化も含んでいます。

A9　×（第3節「1　生活障害、心理・行動の特徴」）
　自由に歩いてもらう工夫や転倒予防の工夫があれば、動きを抑制されるストレスから解放され、症状が安定する人もいます。

A10　×（第3節「1　生活障害、心理・行動の特徴」）
　人が楽しんでいるのを眺めているだけでも十分に刺激になるので、無理に参加してもらう必要はありません。

A11　○（第3節「1　生活障害、心理・行動の特徴」）
　レビー小体型認知症による幻視には、実際には見えない虫などの動きを目で追っている場合などがあります。介護職による観察は、早期受診につながる場合もあるので重要です。

A12　○（第3節「2　利用者への対応」）
　介護職が常識にこだわりすぎると認知症の利用者の言動を否定することにつながります。「ダメ」という回数を減らし、気持ちを満たすことを意識した対応を考えることによって、落ち着きを取り戻しやすくなります。

A13 ×（第3節「2　利用者への対応」）

　職員間の意見調整が求められます。職員の関係がギスギスしていると、認知症の利用者がその雰囲気を感じ取り、落ち着きをなくす場合があります。職員は、自分の価値観を主張しすぎて職員同士の関係を崩さないように気をつける必要があります。

A14 ○（第4節「1　家族との関わり方」）

　介護職は、家族との良好な関係を築くためにも、話をよく聞くことで、お互いの距離が近づくと考えられます。

A15 ○（第4節「1　家族との関わり方」）

　認知症の人がデイサービスに通うことで、家族は認知症の人の介護から解放されて自分の時間を手に入れることができます。レスパイトケアを効果的に行うことができれば、在宅での生活を長期化することも考えられます。

第**8**章
障害の理解

1　障害の概念とICF（障害者福祉の基本理念）

　　介護者として、障害者（児）を支援するとき、どのような考え方に基づいてサービスが提供されるべきか、どのような目標をもって支援したらよいかなど、障害者福祉の基本的な考え方を理解することが重要です。さらに、障害者福祉を学ぶとき、「障害とは何か」という課題は重要な事柄です。障害の捉え方は時代とともに変化しており、専門的なサービスを提供しようとすれば、正しい障害の認識や知識を獲得する必要があります。障害を否定的に捉え、そのことによって障害者に対する偏見が生じていることもあります。
　　ここでは、
　①　障害者福祉の基本理念
　②　障害の概念と国際生活機能分類（ICF）
について理解してください。

Ⅰ　障害者福祉の基本理念

1　共通する障害者福祉の理念

　社会福祉の各分野に共通するもっとも基本となる理念は、「人権の尊重」、「ノーマライゼーション」、「QOLの向上」、「社会支援」です。とくに、「障害のある人が障害のない人と同等の生活をし、活動する社会を作っていく」という「ノーマライゼーション」の理念、および「生命の質、生活の質、人生の質」の向上を目指すという「QOL（Quality of Life）」の考え方は、重要な基本の理念です。

2　時代の変化のなかでの障害者福祉の理念

(1)　「完全参加と平等」および「機会均等化」―国際障害者年

　1981（昭和56）年は、国連が提唱した「国際障害者年」でした。この国際障害者年のテーマが「完全参加と平等」であり、「社会のあらゆる場面に参加し、社会の人と同等の生活を享受する権利を実現していくことは当然である」という理念です。1982（昭和57）年に国連は「障害者に関する世界行動計画」を採択し、各国がとるべき施策のモデルを提案しました。

　1983（昭和58）年から1992（平成4）年までを「国連・障害者の十年」として、「障害者に関する世界行動計画」を具体的に実行するよう各国に要請しました。わが国も、この具体的な取組みを行い、障害者福祉に大きな影響を与えました。

　また、国連は、「完全参加と平等」の目標に向けての行動基準を「予防」、「リハビリテ

ーション」、「機会均等化」と規定し、1993（平成5）年には「機会均等化に関する標準規則」を定めましたが、わが国も標準規則に沿った機会均等化の取組みを行いました。

(2)　「個人の尊厳」と「完全参加」―障害者基本法

　　障害者基本法は、障害者福祉分野の憲法ともいわれています。障害者基本法は、1970（昭和45）年に成立した心身障害者対策基本法を前身とし、1993（平成5）年の改正の際、障害者基本法へと改称され、2004（平成16）年改正、2011（平成23）年改正を経て現在に至っています。

　　この法律の第3条に障害者福祉の基本理念が明文化されています。つまり、「全ての障害者が、障害者でない者と等しく、基本的人権を享有する個人としてその尊厳が重んぜられ、その尊厳にふさわしい生活を保障される権利を有する」と個人の尊厳を尊重する理念が、さらに「全て障害者は、社会を構成する一員として社会、経済、文化その他あらゆる分野の活動に参加する機会が確保される」と完全参加の理念が規定されています。

(3)　「リハビリテーション」と「ノーマライゼーション」―障害者プラン

　　1995（平成7）年12月に策定された障害者プランは、「ライフステージのすべての段階において全人間的復権を目指すリハビリテーション」と「ノーマライゼーション」の2つの理念を掲げています。障害者プランは、この理念の実現に向けて、障害のある人々が社会の構成員として地域のなかで共に生活が送れるように、ライフステージの各段階で、住まいや働く場、ないし活動の場や必要な保健福祉サービスが、的確に提供される体制を確立することを計画に盛り込んでいます。

(4)　「自立した日常生活」、「地域福祉の増進」、「本人の意向の尊重」―社会福祉法

　　社会福祉に関する基本的な法律で、1951（昭和26）年に制定された社会福祉事業法を抜本的に見直すための社会福祉基礎構造改革を受けて、社会福祉を目的とする事業の全分野における共通的基本事項を定めた「社会福祉法」が、2000（平成12）年6月に公布されました。

　　この法律の第3条に福祉サービスの基本的理念として「福祉サービスは、個人の尊厳の保持を旨とし、その内容は、福祉サービスの利用者が心身ともに健やかに育成され、又はその有する能力に応じ自立した日常生活を営むことができるように支援するものとして、良質かつ適切なものでなければならない」と規定されました。また、第4条に地域福祉の推進、第5条に福祉サービスの提供の原則として、利用者の意向を十分に尊重することを示しています。これらのことは、障害者福祉において、障害者の意向を十分に把握し、地域社会のなかで豊かな生活を営むことができるよう自立に向けた支援を行うことを示しています。

(5)　地域社会のなかでの自立した生活の実現と社会支援―障害者自立支援法

　　2005（平成17）年10月に「障害者自立支援法」が成立しました。第1条の法の目的に「障害者及び障害児が自立した日常生活又は社会生活を営むことができるよう、必要な障害福祉サービスに係る給付その他の支援を行い、もって障害者及び障害児の福祉の増進を図るとともに、障害の有無にかかわらず国民が相互に人格と個性を尊重し安心して暮らすことのできる地域社会の実現に寄与する」と規定しています。つまり、地域社会のなかで障害者の自己選択・自己決定により自立した生活を実現することを目指しています。さらに、

　障害者が地域社会で自立した生活を営むためには、社会福祉の理念でもある社会連帯の考え方が大切です。そのような観点からの社会支援が重要視されます。障害者は、身体障害、精神障害、知的障害、高次脳機能障害、発達障害等さまざまな障害の内容や特徴を有していますので、それらの障害の状態に応じた社会支援が求められます。

⑹　「共生社会の実現」「社会参加の確保」「社会的障壁の除去」 − 障害者総合支援法

　障害者自立支援法が改正され、障害者総合支援法が成立・施行されました。

　障害者総合支援法には、障害者基本法の理念を踏まえ、新たに法律の基本理念が第1条の2に規定されました。その条文によれば、障害者及び障害児の支援は、全ての国民が、障害の有無にかかわらず、等しく基本的人権を享有するかけがえのない個人として尊重されるという理念にのっとり、全ての国民が、相互に人格と個性を尊重し合いながら共生する社会を実現するため、全ての障害者及び障害児が社会参加の機会が確保され、日常生活又は社会生活を営む上で障壁となるような社会における事物、制度、慣行、観念その他一切のものの除去に資するとしています。※障害者総合支援法は通称で、正式名称を「障害者の日常生活及び社会生活を総合的に支援するための法律」といいます。

Ⅱ　障害の概念と国際生活機能分類（ICF）

1　国際障害分類（ICIDH）から国際生活機能分類（ICF）への移行

　世界保健機関（WHO）は、1980（昭和55）年に「国際障害分類」（ICIDH）を作成し、国際的に障害の捉え方の共通化を図ろうとしました。つまり、疾病から機能障害が発生し、それが能力低下を引き起こし、さらには社会的不利をもたらすという障害の階層構造を提案しました。しかしながら、このような捉え方は、障害を否定的な言葉で表現していること、機能障害が原因で能力低下や社会的不利が発生するという単純な因果関係になっていること、などの批判を受けました。

　そこでWHOは、健康状況と健康関連状況におけるすべての生活機能の相互作用に着目して、新たな「国際生活機能分類」（ICF）に基づく障害の捉え方を2001（平成13）年に提唱しました。現在、国際的にみても障害の捉え方の共通した考えであるといえます。

> **コラム　ICIDH（国際障害分類）とは？**
>
> 　ICIDHでは、障害を「機能障害」、「能力障害」、「社会的不利」の3段階を一方向の関係に位置づけ分類していました。例えば、「脳性麻痺のため手が自由に動かない→事務処理能力が低い→仕事に就けない」というふうに、障害のマイナス面を医学的にみたものであり、医学モデルに基づく障害分類方法でした。
>
> 　1980年　ICIDH：国際障害分類（WHO）
>
>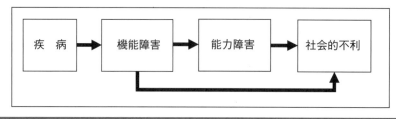

2　国際生活機能分類（ICF）

　国際生活機能分類は、生活機能と障害を「心身機能・身体構造」、「活動」、「参加」に分類しています。生活機能とは、心身機能・身体構造、活動、参加のすべての機能を表す包括用語で、障害とは、「機能障害（構造障害を含む）」、「活動制限」、「参加制約」のすべての障害を表す包括用語です。また、「背景因子」として、「環境因子」と「個人因子」が影響するとしています。

　心身機能とは、身体系の生理学的機能（心理的機能を含む）を、身体構造とは、器官・肢体とその構成部分などの身体の解剖学的部分を、活動とは、課題や行為の個人による遂行を、参加とは、生活・人生場面への関わりをそれぞれ指しています。

　さらに、環境因子とは、人々が生活し人生を送っている物的な環境や社会的環境、国や地域の文化や習慣など環境を構成する因子を指し、個人因子とは、個人の人生や生活の特別な背景で、健康状態や健康状態以外のその人の特徴からなる因子をそれぞれ指します。

　このような障害の捉え方は、単に心身機能や構造障害としてだけでなく、環境因子や個人因子が背景因子となり、活動制限や参加制約をもたらすことを意味しています。介護者は、障害者と接するとき、障害者を取り巻く環境によって活動制限や参加制約の状況が異なることを知っておくべきでしょう。

図表1-1　ICFの構成要素の相互作用

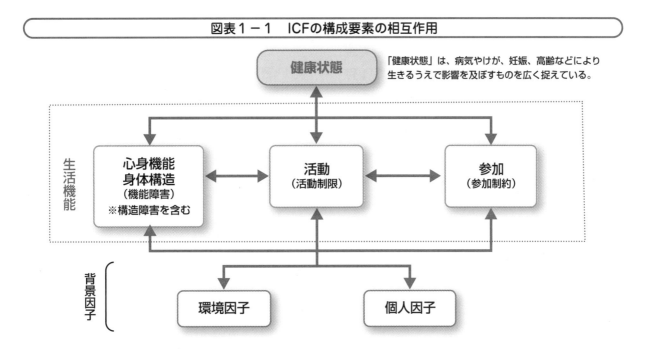

3　国際生活機能分類（ICF）の特徴

　ICFは、従来の障害の捉え方と異なり、障害を否定的に捉えるのではなく、プラスの面も考慮しようとしています。これまでは、日常生活の不自由さを能力障害という言葉で表現し、「入浴できない」、「排泄できない」などと、できない日常的な行為を列挙し、障害者を能力がない人としてサービスを提供しようとしていました。これらの考え方は、障害者に対する偏見や差別を生む社会的な土壌を作り上げてきました。

　ICFでは、現在できていること（実行状況）に着目して、そのできている状態を伸ばすような支援を行うという考え方を発展させました。日常生活の行為の一つにだけ着目するのではなく、障害者の生活や人生の全体を包括的に考慮しようと考えています。

　さらに、ICFは、環境要因に着目しています。つまり、障害者を取り巻く環境を改善することによって、障害者の生活、つまりQOLの向上を目指しています。例えば、車いす利用者が、段差があるためにハローワークに相談に行けないという状況があったとしたら、ICFは、そのような段差のある環境が社会参加を阻害しているとして捉え、環境改善を図ろうとする考え方です。

今後の学習のための🔑キーワード

◎人権　　　◎ノーマライゼーション　　　◎QOL
◎完全参加と平等　　　◎リハビリテーション
◎自立した生活の実現　　　◎地域福祉
◎自己選択・自己決定　　　◎社会支援
◎ICIDHからICFへの移行　　　◎ICF　　　◎ICFの特徴

（執筆：髙木憲司）

1　肢体不自由（身体障害）

　　肢体不自由の状態は、原因となる病気によって異なります。片マヒ、対マヒなどの代表的な障害像を理解する必要があります。また、歩行障害などによって生活の活動性が低下すると廃用症候群（生活不活発病）を生じます。生活援助に際しては、利用者の生活をより活発なものへと促す視点が求められます。さらに、肢体不自由は身体だけの問題ではなく、心理面にも大きな影響を与えます。利用者とのコミュニケーションにおいては、障害受容のプロセスを踏まえた対応が必要です。
　　ここでは、
　① 肢体不自由の代表的な病気とその障害像
　② 生活援助のポイント
　③ 廃用症候群（生活不活発病）
　④ 障害受容のプロセスを踏まえた対応
について理解してください。

Ⅰ　代表的な病気とその障害像

　肢体不自由とは、身体の自由な動きが障害された状態です。原因となる部位は脳、脊髄、運動器（骨、関節、筋肉）とさまざまです。それぞれの典型的な障害像は図表2－1に示すとおりです。

図表2－1　代表的な障害像

障　害　像	概　　要	原因となる病気（例）
片マヒ	身体の右半身あるいは左半身のマヒをいいます。感覚障害や高次脳機能障害を伴うこともあります。	脳卒中（脳梗塞、脳出血、くも膜下出血など）
対マヒ	左右対称のマヒをいいます。マヒの範囲は胸から足まで、腰から足までなどさまざまです。感覚障害を伴います。	外傷、腫瘍、神経変性疾患などによる脊髄の損傷
四肢マヒ	両手両足がマヒした状態を四肢マヒといいます。マヒと感覚障害に加えて自律神経異常を伴うこともあります。	脊髄の損傷のうち、損傷の部位が頸髄にあるもの
関節機能障害	変形、拘縮、痛みなどによって関節がスムーズに動かせない状態です。1か所の関節だけでなく、同時に複数の関節が障害されることもあります。	関節リウマチ変形性関節症
運動機能障害	生まれてから、首がすわり、寝返りができるようになり、歩けるようになる、といった運動機能の正常な発達過程をたどることができないことをいいます。	脳性マヒ

第8章—2　1　肢体不自由（身体障害）

　それまで健康だった人が、なんらかの病気によって肢体不自由になった場合は、中途障害と呼ばれます。原因疾患としては脳卒中、脊髄損傷、関節リウマチなどが代表的です。

　先天性障害として、肢体不自由を持つ子どもたちもいます。その代表的な原因疾患は脳性マヒです。これらの疾患と障害像について解説します。

1　脳卒中（脳血管疾患）

　脳卒中とは、脳の血管に病変が生じる病気の総称です。病名としては脳出血、脳梗塞、くも膜下出血などがあります。

　大脳の右半球に病気が生じれば左半身のマヒ、左半球であれば右半身のマヒが生じます（図表2－2）。このような半身のマヒのことを「片マヒ」といいます。マヒした側をマヒ側（患側）、マヒしていない側を健側、あるいは非マヒ側といいます。症状として目立つのは手足が動かないことですが、同時に、感覚の障害（手足を触れられたり、関節を曲げたり伸ばしたりしたときの感覚が鈍くなる）も生じている場合が多くあります。

　脳には、運動や感覚だけでなく認知や言語の中枢があります。したがって、片マヒには認知機能や言語機能の障害を合併することが少なくありません。これらの障害は、高次脳機能障害と呼ばれます。代表的なものに左半側空間無視や失語症などがあります。

　なお、最近は脳卒中の病態が変わりつつあります。比較的小さな梗塞が多発する多発性脳梗塞や、脳の深部に小さい梗塞が生じるラクナ梗塞といった病変が増加傾向にあります。これらの病気では明らかな片マヒがみられずに、動作が全体的に緩慢になったり、バランスが悪くなったりする症状が主になることもあります。

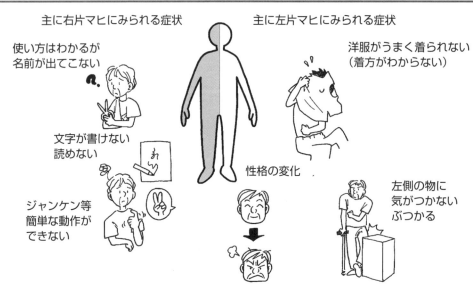

図表2－2　片マヒにみられる高次脳機能障害の症状

主に右片マヒにみられる症状

使い方はわかるが
名前が出てこない

文字が書けない
読めない

ジャンケン等
簡単な動作が
できない

主に左片マヒにみられる症状

洋服がうまく着られない
（着方がわからない）

性格の変化

左側の物に
気がつかない
ぶつかる

2　脊髄損傷

　背骨のことを脊椎といい、その中を通る神経の束を脊髄といいます。脊髄は、脳と身体とを結んでいます。脊髄損傷とは脊髄が損傷を受けた病気の総称です。その原因には、交通事故や転落事故などの外傷と腫瘍や出血などの病気によるものがあります。脊椎を骨折すれば脊髄も損傷されるとは限りません。両者は区別する必要があります。

　脊髄が損傷されると脳から身体への命令は届きませんし、身体の感覚を脳へ伝えることもできなくなります。損傷された部位から下に左右一対の対称的な形で運動障害、感覚障害が生じるため、このようなマヒの形を「対マヒ」といいます。

　例えば、胸髄が損傷された場合は「対マヒ」になります。両手は動きますし感覚も障害されませんが、胸から足までは動かなくなります。歩くことはできませんが、手は自由に使えるので、車いすでバスケットボールを楽しむといったことは可能です。脊髄のいちばん高い部位である頸髄を損傷すると「四肢マヒ」になります。両手両足が動かせなくなり、多くの介助を必要とします（図表2－3）。

　なお、脊髄の中には自律神経も走っています。このため「対マヒ」や「四肢マヒ」では、運動や感覚の障害だけでなく、血圧や発汗の調整機能が障害されていることがあります。

図表2－3　対マヒと四肢マヒ

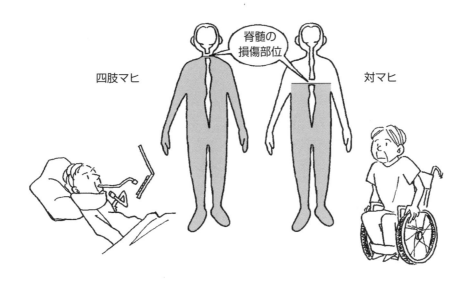

3　関節リウマチ

　関節の腫れと痛みを主症状とする病気です。免疫システムの異常を背景とする自己免疫疾患の一つと考えられています。症状は手指、肘、足、膝などに起こりやすく、最初は関節の「こわばり」を感じる程度ですが、進行すると関節の破壊と変形、激しい痛みを生じるようになります。この時期になると生活にも支障をきたすようになります。

　治療の柱は、薬物療法とリハビリテーションと外科療法です。薬物療法によって症状を緩和したり、進行を抑えたりしつつ、リハビリテーションによって筋力や関節可動性を保ち、生活の自立を保つようにします。

　リハビリテーションの一環として、関節保護のための装具作成や生活指導も行われます（図表2―4）。例えば、手指の変形を抑えるための装具療法、足や膝への体重負荷を減らすための杖歩行指導などです。

　外科療法は、症状が進行した場合に行われます。関節の腫れ・痛みをとるために、関節内にある滑膜という部分を切除したり、関節そのものを人工関節に置き換える手術をしたりします。関節リウマチの経過は非常に長く、一生つき合う病気といわれています。しかし、最近は薬物療法の進歩が目覚ましく、早期発見、早期治療の重要性が強調されるようになってきています。

図表2―4　リウマチの生活指導の例

①カップの持ち方　　　　　　　　　**②バッグの持ち方**

　関節保護のため、いくつかの工夫を示しています。①は指に負担をかけないカップの扱い方です。②は外出時のバッグの持ち方で、指に負担をかけないように肩を利用している場面です。

┃ 4　脳性マヒ

　脳性マヒとは、なんらかの脳の病変が原因となって運動機能障害を引き起こす病気です。受胎、出生を経て新生児の頃までに生じます。なお、知的障害の有無は別の問題です。「脳性マヒ」という言葉から知的障害も伴っているイメージを持つ人もいるようですが、軽率に判断してはいけません。

　脳性マヒの障害像は大別して4種類あります。それぞれの特徴は図表2―5のとおりです。通常の発達では、生まれてから首がすわる、寝返りをする、四つ這いをする、歩く、といった経過をたどりますが、脳性マヒ児はこの経過が途中で止まってしまったり、あるいは、正常ではない動作方法を身につけてしまったりします。

　例えば、足の筋緊張が高すぎて歩けなかった子どもがその緊張を利用して自分なりの歩き方を身につけるといったことが起こります。歩けるようになるという点はプラス面ですが、一方で、不自然な歩き方によって関節の変形や痛みを生じさせるというマイナス面もあります。

　成長期は、特にこうした問題が生じやすく、プラス面とマイナス面をよく考えた治療、リハビリテーションが必要です。

障害像（型）	概　要
けい直型	筋緊張の異常により身体を自由に動かすことができません。例えば、両足の筋緊張が高く、足がつっぱって交叉してしまう「はさみ足」などの症状がみられます。
アテトーゼ型	自分の意志とは関係ない運動（不随意運動）が生じます。例えば、会話中であっても、それとは関係なく首や腕が動いたりする症状がみられます。
失調型	運動に際しての身体各部の協調的な働きが低下します。例えば、歩行時に体幹が動揺してフラフラした不安定な歩き方になるなどの症状がみられます。
混合型	けい直型、アテトーゼ型、失調型が混合している場合を混合型といいます。

図表2－5　脳性マヒの障害像（型）

Ⅱ　生活援助のポイント

　介助技術を生活のなかで活用していくためには次にあげる3つの視点が重要です。具体的な介護技術は肢体不自由の状態によって異なりますが、介護職はこれらの視点からその技術を活かすことが望まれます。

1　残存機能の活用

　肢体不自由といっても四肢、体幹のすべての部位が障害されていることはまれです。障害されずに残った機能のことを残存機能といいます。例えば、片マヒで右手が不自由になったために箸やスプーンが使えなくなった場合は、健側（非マヒ側）の左手で箸やスプーンを使えるように練習します（図表2－6）。介護職には、障害にばかり目を奪われずに利用者の残存機能を活用する視点を持つことが望まれます。

図表2－6　利き手の交換練習

2　福祉用具の活用

　障害の程度が軽い場合もあります。先の例と同様に右手の障害を考えると、箸を使うような器用な動きは無理でも、げんこつを握る程度の動きならば可能という状態です。この場合、「握る」機能は右手の残存機能ですが、そこに「柄の太いスプーン」を組み合わせれば、スプーンで食事ができるかもしれません。

　「柄の太いスプーン」のように、障害を持っている人向けに使いやすく工夫された道具のことを福祉用具といいます。福祉用具の範囲は広く、車いすや杖、介護用ベッドなども含まれます。介護職には、生活援助に際して福祉用具を活用する視点を持つことが望まれます。

3　介助技術とリハビリテーション

　介護とリハビリテーションは、密接につながっています。リハビリテーションによって歩けるようになっても、危ないからと車いすばかり使っていては歩行能力が低下してしまいます。利用者がリハビリテーションを通じて獲得した能力を生活のなかで発揮することは、意外に難しいものです。介護職はケアチームの一員として、リハビリ室で「できたこと」を、生活のなかで「していること」になるように働きかける重要な役割を担っています。

　介護職には、介護場面をリハビリテーションとして活用する工夫も求められます。例えば、ベッドから車いすへ乗り移るときには「立ち上がる」動作が必要です。正常な「立ち上がる」動作では、頭の動きは前下方に出てから後上方に向かうL字形をとります。しかし、単純に身体を

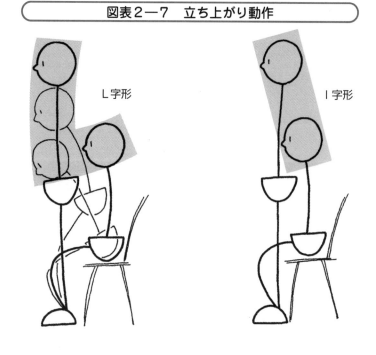

図表2－7　立ち上がり動作

L字形

I字形

持ち上げるだけでは、頭の動きはI字形になってしまいます（図表2－7）。

　日々の介護場面においてL字を意識して動作を介助すれば、それは立ち上がり動作の練習になりますが、I字では練習になりません。

　このように、介助場面が動作練習になるように工夫した介助技術をリハビリテーション介助技術といいます。リハビリテーション介助技術は介護職に欠かせない技術です。

Ⅲ　廃用症候群（生活不活発病）

　ベッドで寝てばかりいる生活、車いすに座ってばかりいる生活、家に閉じこもりがちな生活など、活動性が低い生活が続くと、心身両面にさまざまな問題が生じます。心理面ではうつ傾向が生じたり、認知機能が低下したりします。身体面では関節拘縮や筋力低下が生じたり、血圧の調整機能が低下したりします。

　これらの問題を総称して廃用症候群（生活不活発病）と呼びます（図表2－8）。病気や障害をきっかけに生活の活動性が低下し、廃用症候群（生活不活発病）に陥ることは少なくありません。介護職には、利用者の日常生活全体の活動量に配慮して生活援助のサービス提供にあたることが望まれます。

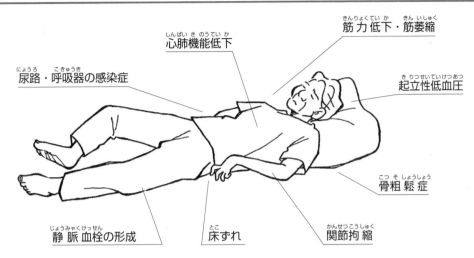

図表2－8　廃用症候群

筋力低下・筋萎縮
心肺機能低下
起立性低血圧
尿路・呼吸器の感染症
骨粗鬆症
静脈血栓の形成
床ずれ
関節拘縮

Ⅳ　障害の受容

　障害者自身が「障害を持った自分」を受けいれ、主体的に生き抜こうとする気持ちになることを「障害を受容する」といいます。その過程には、ショック期、否認期、混乱期、努力期、受容期と呼ばれる時期があります（図表2－9）。

図表2－9　障害受容のプロセス

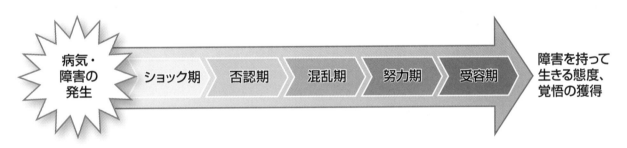

病気・障害の発生　ショック期　否認期　混乱期　努力期　受容期　障害を持って生きる態度、覚悟の獲得

　障害の受容は、決して簡単ではありません。障害者の心の中では、これらの時期が進んだり戻ったりしながら、何年もかかって少しずつ「障害を持った自分」を受けいれていく変化が起きています。介護職には、利用者の心の変化を理解して、共感的、支持的なコミュニケーションをとることが望まれます。

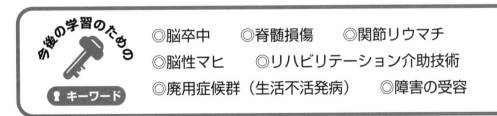

今後の学習のためのキーワード

◎脳卒中　◎脊髄損傷　◎関節リウマチ
◎脳性マヒ　◎リハビリテーション介助技術
◎廃用症候群（生活不活発病）　◎障害の受容

（執筆：浅川康吉）

2 内部障害

内部障害とは身体障害のなかで心臓や肺、腎臓など内臓の病気を背景とした障害のことをいいます。体力の低下、体調の不安定といった外からは見えにくい問題が生じるため、生活援助に際しては、本人のその時々の主観的な疲労感などに配慮した対応が求められます。食事や薬の管理など、日常生活のさまざまな制約がもたらすストレスについて理解する必要があります。
　ここでは、
① 内部障害の代表的な疾患・障害
② 生活援助のポイント
③ その他の疾患・障害
について理解してください。

Ⅰ 代表的な疾患・障害

　内部障害とは心臓、肺、腎臓などの内臓の病気が原因で生じる障害をいいます（図表2—10）。

図表2—10　身体障害者福祉法から抜粋した内部障害の一覧

・心臓機能障害
・腎臓機能障害
・呼吸器機能障害
・膀胱・直腸機能障害
・小腸機能障害
・ヒト免疫不全ウイルスによる免疫機能障害
・肝臓機能障害

身体障害者福祉法に規定された身体障害のうち、左記の7種類の障害が内部障害と呼ばれています。

　障害像の特徴は、体力の低下です。体力の要素は図表2—11のとおりです。内部障害では、これらの要素が全般的に低下します。なかでも全身持久力の低下は顕著にあらわれ、例えば数メートルの「歩行」はしっかりできるのですが、何キロメートルも歩き続けることはできないため、「外出」ができない、といったことが起こります。日々の体調の変動が大きいことも特徴のひとつです。病気によっては生命の危険が生じることもあります。このため、身体のコンディションはもちろん、「やる気」や「元気」といった心理面のコンディションの安定が重要になります。
　体力の低下や体調の変化は外からはみえにくい問題です。内部障害を理解するためには、"外からは見えにくい"ことを念頭においた対応が求められます。

第8章—2
2　内部障害

図表2—11　池上による体力の分類

体力
- 行動体力
  - 行動を起こす能力
（筋力、筋パワー）
  - 行動を持続する能力
（筋持久力、全身持久力）
  - 行動を調整する能力
（平衡性、敏捷性、巧緻性、柔軟性）
- 防衛体力
  - 物理化学的ストレスに対する抵抗力
（寒冷、暑熱、低酸素、高圧、振動など）
  - 生物的ストレスに対する抵抗力
（細菌、ウイルスなど）
  - 生理的ストレスに対する抵抗力
（運動、空腹、不眠、疲労など）
  - 精神的ストレスに対する抵抗力
（不快、苦痛、恐怖、不満など）

出所：池上晴夫「健康のためのスポーツ医学―運動とからだのしくみ」講談社，1984　一部改変

　以下に、代表的な病態と障害像について解説します。

1　慢性呼吸不全（呼吸器機能障害）

　なんらかの疾患によって呼吸機能が低下した状態を呼吸不全といいます。呼吸不全が1か月以上続いている状態が慢性呼吸不全です。主症状は「息苦しさ」で、少し動いただけでも「息切れ」がしたりします。咳や痰が問題になることも多くあります。

　原因疾患としては、慢性閉塞性肺疾患や肺炎、肺がんなどがあります。慢性閉塞性肺疾患は、かつてはそれぞれ肺気腫と慢性気管支炎と呼ばれていた病気をひとつの疾患概念にまとめたものです。英語ではChronic Obstructive Pulmonary Diseaseと呼ぶため、病院ではその頭文字をとってCOPD（シーオーピーディー）と呼ばれています。

　治療の柱は、薬物療法と酸素吸入です。在宅酸素療法（Home Oxygen Therapy：HOT（ホット））と呼ばれる酸素供給器を自宅に設置して継続的な酸素吸入を可能とした治療法の普及によって、慢性呼吸不全の患者は在宅生活を選択、継続しやすくなりました（図表2—12）。

　症状が悪化した場合は気管切開をして人工呼吸器を装着することもあります。この場合、声を失うことが大きな問題でした。しかし、最近は顔や鼻に密着したマスクを使う非侵襲的陽圧人工呼吸という方法が開発され、声を失わずに呼吸を助ける方法も普及しはじめています。

図表2—12　在宅酸素療法

２　循環器疾患、心不全（心臓機能障害）

循環器とは、血液循環に関わる臓器のことです。代表的な病気は狭心症、心筋梗塞などの虚血性心疾患といわれるものです。心不全は心臓の機能が低下した状態を指す言葉で、病名ではありません。虚血性心疾患は心不全の主要な原因のひとつです。症状は多彩ですが、総じて疲労感に関する訴えが多いようです。階段の昇り降りや掃除など、元気な時にはなにげなくできていた日常生活動作が、循環器疾患や心不全になると「疲れる」「たいへん」「息が切れる」といった状態になります。

治療の柱は薬物療法です。心臓にペースメーカーを埋め込む治療や、血流を良くするための手術を受ける人もいます。少しでも動けるのであれば、運動療法も並行して行います。どういった運動がよいのかは一人ひとり異なります。主治医をはじめ心臓リハビリテーションの専門家から、自分にあった運動プログラムを作ってもらうことが必要です。

３　慢性腎不全、血液透析（腎臓機能障害）

慢性腎不全は、腎臓の機能が徐々に低下していく状態を指す言葉です。原因疾患の半分は慢性糸球体腎炎ですが、近年は糖尿病の合併症として腎機能が低下し、慢性腎不全となる人が増えています。

腎臓は、血液中の老廃物を取り除く「ろ過装置」の役割を果たしています。ろ過された血液は身体へ戻り、老廃物は尿となって排泄されます。慢性腎不全が進行すると老廃物を除去するために血液を体外へ取り出してろ過してから戻す治療が必要になります（図表２―13）。この治療を血液透析といいます。血液透析は１回３〜４時間、週に３〜４回受ける方法が一般的です。

医学的には毎回の透析前後での体調変動や長期継続による合併症が主な問題となりますし、生活面では治療を受けるための拘束時間が長いことも問題になります。

慢性腎不全から血液透析開始までは年単位の経過を経ます。血液透析開始後も10年を超えて生存する人は珍しくありません。食事や薬の自己管理は内部障害の人に共通する課題ですが、血液透析はとくに長期にわたり厳しい自己管理が必要とされる障害です。

図表２―13　体外循環の概要

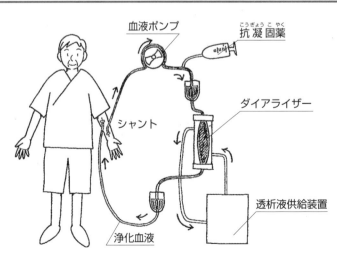

血液ポンプ
抗凝固薬
シャント
ダイアライザー
透析液供給装置
浄化血液

II 生活援助のポイント

体力の低下や体調の変動は外から見ただけではわかりません。本人の訴えをよく聞いたうえで対応することが望まれます。次にあげる3つは、特に大切な対応のポイントです。

1 日常活動量

適量であることが大切です。体力が低下しているときは、疲労回復力も低下しています。内部障害のある人は「疲れやすい」だけでなく、「疲れると元に戻りにくい」、あるいは「疲れがたまりやすい」といった特徴があります。廃用症候群（生活不活発病）を防ぐために買い物や掃除、散歩や外出など活動量を増やすことは大切ですが、疲れを翌日に持ち越さないように配慮する必要があります。

2 自己管理

内部障害の原因となっている病気では、治療の一環として患者自身による食事管理や服薬管理などが必要とされる場合が多くあります。自分にあった食事、薬、運動などを理解していることと、それを毎日の生活のなかで実践することは別問題です。自己管理ができない人、自己管理はできていても、そのためにストレスを感じている人もいます。食事指導や服薬指導といった指導ばかりでもいけません。しかし、「生活の質（QOL）を高める」ことを理由に好きなようにしてよいというものでもありません。できるだけストレスを少なくして、長期にわたって安定した自己管理ができるように支援する必要があります。

3 介護とリハビリテーション

自覚的運動強度のスケール「ボルグスケール」（図表2—14）や活動量（消費カロリー、kcal）の計算式は、疲労感や活動量の評価に活用できます。ボルグスケールは全身持久力を反映した評価尺度で、主観的な疲労感を6〜20の15段階で回答してもらうものです。段階に応じて「きつい」とか「ややきつい」といった表現が対応しています。

掃除や洗濯、散歩などの活動の際にこの表現を利用して疲労感を記録しておくと役立ちます。例えば、掃除のときに「きつい」と感じていた方が「ややきつい」に減じればそれだけ体力がついたと考えられます。

活動量（消費カロリー）は、METS（メッツ）という運動強度（図表2—15）を用いて、以下の計算式により計算できます。

消費カロリー(kcal) ＝体重（kg）×時間（h）×METS×1.05

例えば体重50kgの人が30分間（0.5時間）散歩をする場合、その散歩を時速3kmの歩行とみなせば運動強度は2〜3METSです。仮に2METSとすればその散歩の消費カロリーは、50×0.5×2×1.05＝52.5kcalとなります。

「最近、散歩しても疲れなくなって（主観的疲労感）、遠くまで行ってみるようになった（散歩時間が増えた）」といった、なにげない会話からも主観的疲労感と活動量の情報を得ることができます。

図表2—14　ボルグスケール

主観的運動強度を6点から20点までの15段階で評価する。

点数	主観的運動強度
20	
19	非常にきつい
18	
17	かなりきつい
16	
15	きつい
14	
13	ややきつい
12	
11	楽である
10	
9	かなり楽である
8	
7	非常に楽である
6	

出所：厚生労働省HP「長時間労働者への面接指導マニュアル（医師用）」，2006

図表2—15　歩行速度とMETS

METS	歩行速度の例
1	安静座位
1～2	毎時1～2kmのゆっくりした歩行で
2～3	毎時3kmのゆっくりした歩行で
3～4	毎時4kmの普通の歩行で
4～5	毎時5kmのやや早めの歩行で

出所：日本心臓財団HP「心不全と心臓リハビリテーションの程度」，2001　一部改変

III　その他の疾患・障害

　内部障害のうち、膀胱・直腸機能障害、小腸機能障害、免疫機能障害、肝臓機能障害の4つについては、いずれも今後、増加することが見込まれており、治療法の進歩とともに介護技術の発展が望まれています。

1　膀胱・直腸機能障害

　膀胱や直腸に障害が生じると、正常な排尿や排便が難しくなります。このためストマ（人工の排泄口）を造設し、排泄をコントロールします（ストマのことをストーマともいいます）。排尿機能を担うストマと排便機能を担うストマはそれぞれ人工膀胱、人工肛門とも呼ばれます。ストマを有する人をオストメイトといいます。

　排泄は本来、プライベートな行為です。その障害は人としての尊厳を傷つけかねません。介護に際しては、ストマ管理という技術的な面とともに心情面のケアも重要になります。なお、排尿障害では、ストマの造設ではなく、自己導尿の方法を身につけることによって排尿が自立できることもあります。

2　小腸機能障害

　小腸は十二指腸、空腸、回腸から構成されています。その機能は消化吸収で、特に栄養の吸収については重要な役割を果たしています。なんらかの病気によって小腸の機能が低下したり、手術によって小腸が切除されたりすると、身体は栄養不足に陥ります。

　このため、中心静脈栄養法や経管栄養法といった方法で栄養を供給する必要が生じます。中心静脈栄養法や経管栄養法では感染が大きな問題になりますので、清潔、衛生の保持に十分注意して介護を行う必要があります。

3　免疫機能障害（ヒト免疫不全ウイルスによる免疫機能障害）

　人間はさまざまなウイルスや細菌にさらされながら生活しています。免疫機能とはこれらから身体を守り、感染症にならないようにする機能です。免疫不全ウイルス（HIVウイルス）に感染すると免疫機能が低下し、感染症にかかりやすく、社会生活が困難になります。

　免疫機能障害が重度になり、通常では感染しないはずの弱いウイルスや細菌にも感染してしまう状態は、後天性免疫不全症候群（エイズ）と呼ばれます。ヒト免疫不全ウイルスに関する研究は、近年急速に進んでいます。介護職は、誤った情報や偏見・差別に惑わされることなく、新しい情報を正確に理解する必要があります。

4　肝臓機能障害

　肝臓はさまざまな物質を分解したり、合成したりする臓器です。このため肝臓は「化学工場」にたとえられることもあります。肝臓の機能が衰えると、倦怠感、疲労感が生じやすくなったり、食欲不振、嘔吐、黄疸といった症状が表れたりします。肝臓機能障害は、これらの症状が続き、生活に支障をきたしている状態です。

　肝臓機能障害の原因は、B型肝炎やC型肝炎などの肝炎、肝硬変、肝がんなどです。肝臓移植後に肝臓機能障害が生じる場合もあります。B型肝炎やC型肝炎をもたらすウイルス（B型肝炎ウイルス（HBV）、C型肝炎ウイルス（HCV））は、血液や体液で感染します。

　介護にあたっては爪切りなどの扱いには注意が必要です。また、C型肝炎は、慢性肝炎から肝硬変を経て肝がんに移行しやすいことがわかっています。人によってはがんに対する恐怖感をやわらげる心理面のケアが必要になることもあります。

第8章—2　2　内部障害

今後の学習のためのキーワード

◎慢性閉塞性肺疾患　◎在宅酸素療法　◎虚血性心疾患
◎狭心症　◎心筋梗塞　◎心不全　◎慢性腎不全
◎血液透析　◎ストマ（ストーマ）　◎オストメイト
◎小腸機能障害　◎免疫機能障害　◎エイズ
◎B型肝炎　◎C型肝炎

（執筆：浅川康吉）

3　視覚障害・聴覚障害

高齢になると、誰でもが眼や耳の不自由さを自覚します。その多くは自然現象といえますが、治療が可能な疾病も含まれています。ここでは、
① 　視覚障害
② 　聴覚障害
③ 　平衡機能障害
について理解してください。

Ⅰ　視覚障害

1　視覚障害とは

　私たちが物を見るためには、光が角膜を通過し、水晶体でピントを合わせて網膜に刺激を与えることが必要です。光の情報が視神経を伝わって大脳に達し、さらにほかの情報と統合されて、初めて私たちは実際の視覚情報を得ることができます。これらの経路のどこかが障害されると、視覚障害につながります。

　視覚障害とは、眼が不自由なために日常生活や社会生活を送ることが困難な状態をいいます。視覚障害には、何も見えない状態（盲）だけではなく、弱視も含まれます。ただし、盲と弱視の定義ははっきりしていません。ここでは、次のように区分けをして解説します。
　　① 　盲：全盲（まったく見えない状態）あるいはそれに近い視力障害で、視覚を用いての日常生活が困難な状態。
　　② 　弱視：視覚による社会生活がある程度可能な状態。小さな文字を読むことはかなり困難。

　脳血管疾患後などに残存する視野（見ることができる範囲）の制限なども視覚障害に含まれますが、ここでは詳しく述べません。

2　疾患

(1)　白内障
　① 　定義
　　　水晶体は、カメラのレンズに相当し（図表2－16）、外の景色がはっきりと見えるようにピント合わせをしています。白内障とはこの水晶体が少しずつ濁ってくる病気です。
　② 　原因
　　　加齢による老人性白内障がもっとも多いのですが、そのほか、以前に眼のケガをした

こと、頭部へ放射線治療を受けたこと、ステロイドなどの薬物を使用したこと、糖尿病やアトピー性皮膚炎といった疾患なども白内障の原因となります。また、先天的に水晶体が濁っている人もいます。

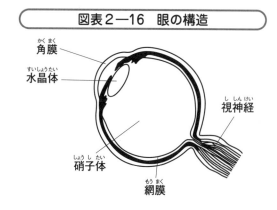

図表2—16　眼の構造

角膜
水晶体
視神経
硝子体
網膜

③　症　状

とくに痛みなどは感じませんが、視力低下が徐々に進行します。右眼と左眼とで進行の速度には差があり、個人差も大きいようです。水晶体の中心部が濁ってくると、早くから物が見えにくくなります。

④　治　療

水晶体が濁るのを遅らせる薬はありますが、一度濁ってしまった水晶体をきれいにする薬は今のところありません。濁りがひどくなり、日常生活が不便になった場合は、濁った水晶体を摘出し、代わりに人工レンズを挿入する手術が有効です。現在では手術方法も進歩し、日帰りでの手術を実施している医療機関も多くなりました。

(2)　緑内障

①　定　義

眼球内の圧力（眼圧）は通常10〜20mmHgに保たれています。また、眼の中では絶えず房水という液体が産生され、循環し排出されています。なんらかの原因で房水の流れが悪くなり、眼の中に溜まりすぎると眼圧が高くなります。その結果として視神経が圧迫を受け、視覚の障害が出現するのが一般的な緑内障です。しかし、日本人では、眼圧が正常範囲の緑内障（正常眼圧緑内障）が多いことが知られています。

②　原　因

原因疾患のない原発性の緑内障と、原因疾患のある続発性の緑内障があります。続発性の原因としては、眼球全体を包み込んでいる部分に炎症が起きるぶどう膜炎後の癒着や腫瘍、ステロイドの投与、外傷などがあります。

③　症　状

緑内障では、発症初期に眼精疲労や眼がかすむなどの不定愁訴を伴うことがありますが、一般的には自覚症状がほとんどありません。視神経の障害はゆっくりと起こり、視野も少しずつ狭くなっていくため、最初のうちはほとんど気づきません。実際はほかの疾患で眼科を受診したときや、健康診断を受けたときに発見されることが多いのが現状です。進行すると、特有の視野欠損（見ることができる範囲の制限）が出現します。

眼圧が急速に著しく上昇した場合、急性緑内障（正確には、急性閉塞隅角緑内障）発作を起こすことがあります。自覚症状として、激しい眼の痛みや頭痛、視力低下、吐き気、嘔吐などが出現します。このような急性緑内障発作が起きた場合には、すぐに治療を行い、眼圧を下げる必要があります。しかし、消化器症状が強い場合には眼科医への受診が遅れてしまい、失明に至ることがあるので注意を要します。

④　治　療

緑内障のタイプによって、治療法が異なります。

急性緑内障発作の場合には、ただちに頻回の縮瞳剤点眼や点滴治療により眼圧低下を図り、レーザー治療や手術療法が実施されます。

急性でない場合には、定時での点眼や内服治療によって眼圧（がんあつ）を低下させるとともに、レーザー治療により房水の流れを改善させるような処置を行います。また、虹彩（こうさい）を一部切除するなどの手術も行われます。いずれにしても、初めのうちは自分では気がつきにくい症状が多く、放置されがちです。早期発見・早期治療につなげるため、40歳を過ぎたら眼底検査（がんていけんさ）などの定期健診を受けることが推奨されています。

(3) ほかの障害との合併

先天性の視覚障害の場合は、手足の障害や内臓の奇形などを合併することがあります。また、脳外傷や脳血管疾患などでは、視神経や脳の視覚中枢（ちゅうすう）が障害されることによって視覚障害を合併することがあります。運動マヒや高次脳機能障害（こうじのうきのうしょうがい）と視覚障害の合併は、リハビリテーションを含めた治療を非常に困難なものとします。

高齢者では、加齢現象（かれいげんしょう）の一つとして認知症の症状と視覚障害の合併がよくみられます。自然現象だからと放っておかず、治療が可能なものであるかどうかを判断する必要があります。白内障などの視覚障害が治療されることによって、認知症の症状が改善したという事例は数多くあります。

3　心理面の理解

生まれながら、あるいはごく幼少の時期に視覚障害となった場合と、糖尿病性網膜症（もうまくしょう）や緑内障などによって後天的に視力を失った場合では、心理面への影響が異なります。すべての中途障害者にいえることですが、障害の理解や受け入れはもっとも難しい課題の一つです。また、視覚障害が徐々に進行する病気では、本人の不安感が強くなることも理解できます。眼科医で定期的診察を受けるとともに、必要に応じて、精神科での診察治療を受けることが望まれます。

4　日常生活への援助

物の形が見えるだけでなく、明暗がわかったり、色がわかったりする場合には、この残存能力を日常生活に活かすことを考えます。そのほか、臭（にお）いや音といったすべての感覚刺激も、目的地への移動や日常生活を行う際に利用していくことが大切です。白内障や角膜混濁（かくまくこんだく）のある人は白黒反転文字のほうが見やすい場合があります（図表2―17）。

図表2―17　白黒反転文字

(1) 自宅内の生活

視覚障害のない私たちでも、慣れた環境であれば、暗闇（くらやみ）の中でも照明器具のスイッチや時計の場所は手探りでわかります。ところが、物の置いてある位置が急に変えられてしまうと探さなければならなくなります。

　　視覚障害者の自宅の掃除を行う際には、物の位置を変えないことが重要です。変更する場合には、本人にも確認してもらう必要があります。

⑵　屋外移動

　　視覚障害者を介助して歩く場合には、白杖を持っている側の反対に立って、介助者の腕をつかんでもらいながら、半歩先を歩くようにします。初めは他者の介助を受けながら同じ道を歩く訓練を何度も行うことが重要です。そのほか、買い物をするときには実際に利用者に商品を触ってもらったり、おつりの確認をしてもらったりすることが必要です。

　　現代社会の生活環境は依然として「目が見える人」中心に作られているため、視覚障害者が生活しやすい環境とはけっしていえません。駅前の歩道の点字ブロック上に自転車が駐輪されている状況などを見るにつけ、公共事業としての環境整備もさることながら、私たちが普段から心がけなければならないことも多くあります。

　　また、点字は、視覚障害者が文字言語を理解するうえで重要なものですが、中途障害者がこれを習得するのはなかなか難しいようです。逆に、先天的障害だからといって、点字が必ずわかるわけでもありません。先入観にとらわれずに対応することが大切です。

Ⅱ　聴覚障害

1　聴覚障害とは

　　聴覚障害は、音がまったく聞こえない状態から、大きな声で話してもらうなどすれば日常生活が可能な状態までさまざまです。

　　音は耳から入り、外耳道という通路の中を伝わって鼓膜に届きます。この空気の振動が鼓膜を震わせます。鼓膜の振動が内側の耳小骨に伝わりながら大きくなり、聴神経の細胞を興奮させ、信号が脳まで伝わります（図表2−18）。脳まで伝わった情報が特定の音や言葉として認識されるには、さらに脳の中での情報処理が必要です。

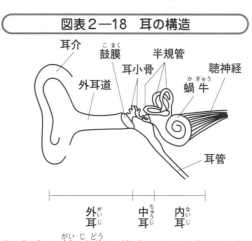

図表2−18　耳の構造

耳介
鼓膜
半規管
耳小骨
聴神経
外耳道
蝸牛
聴神経
耳管

外耳　　中耳　　内耳

　　聴覚障害には、伝音性難聴と感音性難聴の2つがあります。外耳道が詰まってしまったり（外耳の障害）、中耳炎などにより鼓膜や耳小骨が障害され振動が伝わらなくなったり（中耳の障害）するのが伝音性難聴です。一方、内耳や聴神経などの障害による難聴を感音性難聴といいます。

2　疾患

⑴　加齢性難聴

　　加齢性難聴は、加齢とともに聴力が低下してくるもので、いわば自然現象です。個人差が非常に大きいのですが、40歳代から少しずつ低下してくるともいわれています。まず、高い音が聞こえにくくなり、その後、低い音が聞こえにくくなることが多いようです。原

因は内耳の細胞や聴神経などの神経系統の機能低下であり、感音性(かんおんせい)難聴に含まれます。

したがって、適切な補聴器を使用して音を増幅することなどは有効ですが、根本的な治療法はありません。

⑵　その他

高齢者の難聴の原因として、伝音性(でんおんせい)のものもあります。この場合は治すことが可能ですので、聞こえが悪く感じたら、まず耳鼻科医の診察を受けるのがよいでしょう。

⑶　ほかの障害との合併

脳外傷や脳血管疾患などによって聴覚障害を合併することがあります。この場合、音は聞こえているのに何の音かわからないなどの特異な症状を示すことがあります。また、高齢者では、加齢現象(かれいげんしょう)の一つとして認知症の症状と聴覚障害の合併がよくみられます。視覚障害と同様に、適切なコミュニケーション方法を用いることによって精神的な不安感を減らすことが、情緒(じょうちょ)の安定にもつながると考えられます。

3　心理面の理解

高齢になると徐々に「耳が遠くなる」のは、誰もが避けられないことであり、他者にもその状況は理解しやすいものといえるでしょう。しかし、若い聴覚障害者は、外見上はその障害がわからないため、「何度言ってもわからない」とか「聞こえないふりをしている」などと誤解される場合があります。また、言語を習得する前の幼少時からの聴覚障害者では、学習によって発語ができるようになっても、発音が上手でなく、そのために知的能力が低くみられてしまうという誤解もあるようです。

一方、高齢者であっても、聞こえの悪いことや補聴器(ほちょうき)を使うことを恥ずかしいと思う人も多く、その気持ちも理解できます。適切な治療や補聴器の適合を十分に行い、その有効性を実感してもらうことが何よりも重要です。

4　日常生活への援助

日常的なコミュニケーションは、手話(しゅわ)や筆談(ひつだん)、身ぶり、読話(どくわ)（口の動きをよく見て理解の助けとする）などを用いて行います。ただし、先天的か後天的か、あるいは受けてきた教育の違いによって、理解可能な手段が異なります。若い聴覚障害者であっても、手話や筆談が必ずできるとは限りません。また、手話の方法にも地域により多少の差違があります。近年、デジタル方式の補聴器が出現し補聴器(ほちょうき)の性能はさらに向上しましたが、適切な調整を行うことが何よりも重要です。高価で高性能な補聴器も、適合しなければ役に立ちません。

Ⅲ　平衡機能障害

1　平衡機能障害とは

平衡機能障害(へいこうきのう)とは、体がどちらを向いているか、どれくらい傾いているか、動いているかどうかといった情報を受け取ることが困難になった状態です。バランスの障害といってもよ

く、座位・立位・歩行がふらふらとして安定せず、日常生活にも支障をきたす場合があります。立位・歩行時は両脚を広げてバランスを取ることが多いです。

2 原因

平衡機能障害の原因を大別すると、内耳を含めた末梢性障害と中枢性障害とがあります。

末梢性の平衡機能障害は、主として内耳の障害によるものであり、メニエール病、前庭神経炎などが原因となります。急性の発症では、反復性のめまいとともに、眼振（眼球が意図せずに動くこと）や耳症状を伴うことがあります。

中枢性の平衡機能障害は、小脳や脳幹などの損傷によるものであり、脳血管疾患、脳挫傷、脳腫瘍、脳炎、脳変性疾患などが原因疾患としてあげられます。中枢性障害によるめまいは、軽症ではあっても持続的といわれます。

3 対応

まずは、めまいやふらつきの原因を明らかにして、必要な治療を行うことが重要です。立位・歩行の安定のためには、歩行補助具の使用や手すり設置などの環境整備が有効なことがあります。

 今後の学習のための キーワード

◎手引き歩行の仕方　◎点字　◎手話　◎補聴器
◎歩行補助具

（執筆：高岡徹）

4　音声・言語・咀嚼機能障害

　脳卒中（脳梗塞・脳出血・くも膜下出血などの脳血管疾患）などの後遺症として、失語症や構音障害、あるいは咀嚼や嚥下機能障害が残存することがあります。また、脳性マヒなどの先天性の障害やがんの治療の後にも、構音障害や咀嚼・嚥下の障害がみられることがあります。

　コミュニケーションも食物摂取も、日常生活の基本的で重要な活動のひとつです。

　ここでは、
① 　失語症
② 　構音障害、発声障害
③ 　咀嚼・嚥下機能障害
について**理解**してください。

Ⅰ　失語症

1　失語症とは

　言語機能には、「言葉を話す」ことだけではなく、他者の言葉を理解する、字を書く、字を読む、といった側面もあります。脳卒中や脳外傷、脳炎などの後に、上記のような機能がスムーズに働かなくなることがあり、こうした状態を失語症と呼びます。

　失語症には、意味のある言葉を発することができず、理解も困難となる場合（全失語）もあれば、物の名称などが想起できないことが中心の失語（健忘失語）などもあり、さまざまな程度や種類があります。また、文字を書くことのみの障害（失書）もあります。

　したがって、失語症がある場合に、言語機能のどの側面が特に障害されているのかを評価することは、その後の対応を考えるにあたって必要なことです。「眼をつぶってください」「手を上げてください」といった口頭指示を行う、物品の名前を言ってもらう、文字を書いてもらったり読んでもらったりする、といった簡単な評価は、医療専門職でなくても行うことができます。

　また、非言語的なコミュニケーションや状況判断の能力が保たれているのかどうかは、日常生活を送るうえで重要なポイントとなります。

2　対　応

　明らかな失語症であれば、専門家の評価と訓練、および家庭や職場での対応方法の助言を受けることが望まれます。

　コミュニケーションを図る際には、言語機能のなかで残存している良好な機能を用いること、できる限り短い言葉でゆっくりと語りかけること、ジェスチャーなどを取り混ぜること、本人の発話をじっくり待つ態度を示し、焦らせないこと、などが基本的対応方法です。また、イエス・ノーで答えられる質問をすることや相手の表情をよく観察することも有用です。何よりも、信頼関係を確立し、安心してコミュニケーションを取れるようになることが重要です。

Ⅱ　構音障害、発声障害

1　構音障害（こうおんしょうがい）

　構音障害は、本人にすれば「しゃべりにくい（ろれつが回らない）」、他者からすれば「聞き取りづらい」という状態です。話をするためには舌や口を動かす必要がありますが、これらも筋肉で動かしており、脳卒中などによる運動マヒの影響でうまく動かなくなった状態を構音障害といいます。うまくしゃべれないからといって理解が悪いわけではないので、注意が必要です。

　構音障害への対応としては、言葉の明瞭度を上げることが求められます。発話の際は、ゆっくり、一つずつ（一音節ずつ）、大きな声で話すように繰り返し支援します。それでもコミュニケーションが取りづらいときは、字を書いてもらったり、コミュニケーション機器を利用したりすることが必要です。

2　発声障害（はっせいしょうがい）

　言葉を作る前の段階としての呼吸や発声に問題がある場合は、発声障害と呼ばれます。舌の形態異常などの器質的（きしつてき）な問題はなく、精神的なショックなどの心因性で声が出ないということもあります。

　発声障害の対応は、まず原因を明確にすることが大切です。声帯（せいたい）の浮腫やマヒによって声が出ない場合には耳鼻咽喉科（じびいんこう）での治療、心因性であれば精神科での治療を検討する必要があります。

Ⅲ　咀嚼・嚥下機能障害

　咀嚼（そしゃく）とは、摂取した食物を歯で噛み（か）、粉砕（ふんさい）し、すりつぶすことです。食物を細かくして消化器官に送り込むことにより、消化を助け、栄養を摂ることができます。こうした機能が障害された状態を咀嚼機能障害（そしゃくきのうしょうがい）といいますが、口や舌を動かす神経や筋肉の問題で生じます。

　また、口唇（こうしん）や口蓋（こうがい）（口腔の上壁で、口と鼻を分けている部分）が先天的に裂けている状態である口唇口蓋裂（こうしんこうがいれつ）（程度はさまざま）や、噛み合わせの異常によっても、咀嚼機能は障害されます。

嚥下とは、食物が口に取り込まれてから、咽頭、食道を通過して胃まで到達する過程をいいます。したがって、嚥下の過程に咀嚼も含まれます。

嚥下機能障害は、脳卒中だけでなく筋萎縮性側索硬化症（ALS）やパーキンソン病などの神経・筋疾患でもよくみられる症状です。うまく嚥下ができない場合は、誤嚥をすることも多く、肺炎などの合併症に注意が必要です。食物を摂った後に咳が多い、発熱する、といった症状がある場合は嚥下機能障害を疑う必要があります。嚥下機能障害があると、通常の食物を口から摂取することが困難となるため、水分を含めた食物の形態を工夫することや、経管での栄養摂取を検討する必要があります。

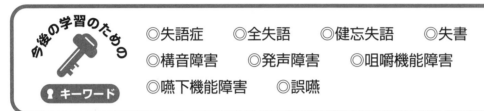

今後の学習のための **キーワード**

◎失語症　　◎全失語　　◎健忘失語　　◎失書

◎構音障害　　◎発声障害　　◎咀嚼機能障害

◎嚥下機能障害　　◎誤嚥

（執筆：高岡徹）

5　精神障害

こころの不調にはさまざまな要因が影響します。個人の物事に対する捉え方や対処の仕方の特徴（心理的要因）や、貧困・孤立といった困難な生活状況（社会的要因）、脳神経系の機能不全や損傷（生物学的要因）など、いくつもの要因が絡み合った結果、症状が現れます。こうした心理・社会・生物学的要因が原因となり、適応能力が損なわれ生活に支障をきたした状態を、現代の精神医学では「精神障害」として定義し、治療が行われています。
　ここでは、
① 精神医学的な分類図式
② 分類図式を理解する際の留意点
について理解してください。

　病気の原因や現れてくる症状、今後の経過を理解しておくことは、患者に医療や援助を効果的に提供していくために役立ちます。ほかの医学分野でもそうであるように、精神医学でも病因・症状・経過ごとに病気を診断・分類する試みがなされてきました。

　精神遅滞など出生時から障害が生じているもの（先天性）と、その後に何らかの要因が加わって障害が生じるもの（後天性）で分類する方法や、後天性に発症するものでも脳を含め身体に明らかな生物学的変化や原因物質が認められるもの（外因性、例：認知症、アルコール依存症）と心理的負荷の結果発症するもの（心因性、例：神経症）、原因不明であるが何らかの身体的素因を背景に発症すると推測されるもの（内因性、例：統合失調症、躁うつ病）で分類する方法があります。

　近年では、統合失調症や躁うつ病の症状に有効な薬剤の精神薬理学的研究を通して、脳のドーパミン神経系やセロトニン神経系などに機能不全が存在することが判明し、従来原因不明とされてきた内因性精神障害にも生物学的な原因の解明が進みつつあります。

　こうした精神医学の進展を背景に、病因ごとの診断分類として伝統的に用いられているのが「従来診断」という分類図式です（図表2－19）。

　精神障害は患者ごとに異なった要因の組み合わせで起こってくるため、病因を見極めて診断・治療を行うには綿密な診察・検討が必要となり、医師によって診断にバラツキが生じるおそれがあります。こうした問題に対して、診断を標準化する目的からここ十数年で急速に日本にも導入されたのが、病因を問わずに診察時の症状の有無を中心に診断する分類図式です。アメリカ精神医学会が作成した「DSM-5」という分類図式（図表2－20①）や、厚生労働省が使用している世界保健機関（WHO）が作成した国際疾病分類「ICD-10」（図表2－20②）があります。

　精神障害は、患者ごとに異なった成り立ちで起こっていることに配慮することが大切です。

図表2－19　従来診断

Ⅰ．身体疾患と密接に関連した精神障害
　（器質性外因性精神病）
　　1．脳疾患
　　　a．老年性脳疾患
　　　b．梅毒性精神病
　　　c．他の脳疾患による精神障害
　　　　ⅰ）炎症性脳疾患
　　　　ⅱ）脳腫瘍
　　　　ⅲ）多発性硬化
　　　　ⅳ）脳の循環障害と出血
　　　　ⅴ）遺伝性脳疾患
　　　d．脳外傷
　　2．薬物依存、中毒精神病
　　　a．アルコール症とアルコール精神病
　　　b．その他の薬物依存と中毒
　　3．身体疾患に伴う症状精神病
　　　a．内分泌疾患
　　　b．その他の内科疾患
　　4．てんかん
Ⅱ．「内因性」精神病（「機能的」精神病）
　　1．精神分裂病（統合失調症）
　　2．躁うつ病
　　3．非定型精神病
Ⅲ．「精神反応性」あるいは「心因性」障害
　　1．妄想形成
　　2．病的感情反応
　　3．神経症
　　4．原因に限定された反応
Ⅳ．人格障害
Ⅴ．精神遅滞

出所：三好功峰・藤縄昭「精神医学 第2版」P71医学書院，
　　　1994
　　　※藤縄昭（ご逝去）

図表2－20①　DSM-5

1．神経発達症群/神経発達障害群
2．統合失調症スペクトラム障害および他の精神病性障害群
3．双極性障害および関連障害群
4．抑うつ障害群
5．不安症群/不安障害群
6．強迫症および関連症群/強迫性障害および関連障害群
7．心的外傷およびストレス因関連障害群
8．解離症群/解離性障害群
9．身体症状症および関連症群
10．食行動障害および摂食障害群
11．排泄症群
12．睡眠/覚醒障害群
13．性機能不全群
14．性別違和
15．秩序破壊的・衝動制御・素行症群
16．物質関連障害および嗜癖性障害群
17．神経認知障害群
18．パーソナリティ障害群
19．パラフィリア障害群
20．他の精神疾患群
21．医薬品誘発性運動症群および他の医薬品有害作用
22．臨床的関与の対象となることのある他の状態

出所：高橋三郎・大野裕（監訳）「DSM-5 精神疾患の診断・統計マニュアル」医学書院，2014

図表2－20②　ICD-10

F0　症状性を含む器質性精神障害
F1　精神作用物質使用による精神および行動の障害
F2　統合失調症、統合失調型障害および妄想性障害
F3　気分（感情）障害
F4　神経症性障害、ストレス関連障害および身体表現性障害
F5　生理的障害および身体的要因に関連した行動症候群
F6　成人のパーソナリティおよび行動の障害
F7　精神遅滞［知的障害］
F8　心理的発達の障害
F9　小児期および青年期に通常発症する行動および情緒の障害

出所：融道男・中根允文・小見山実・岡崎祐士・大久保善朗（監訳）「ICD-10精神および行動の障害 新訂版」医学書院，2005

今後の学習のための キーワード

◎外因性　◎心因性　◎内因性　◎従来診断
◎DSM-5　◎ICD-10

（執筆：太田深雪・高見悟郎）

6　統合失調症

学習の手引き

統合失調症の患者は、自我機能*が脆弱なために、現実と空想、自分や周囲の人の感情や思考を整理してまとめること（統合）がうまくできずに、混乱をきたしやすい人たちです。

*自我機能：現実感や、まとまりのある確かな「自分」という感覚を得るための機能

ここでは、
① 統合失調症の３つの類型
② 類型それぞれの中心となる症状、経過
について理解してください。

解◇説

Ⅰ　病態、分類

　発症時期や自我機能の脆弱さの程度によって、現れてくる症状はさまざまです。中心となる症状から、統合失調症は３つのタイプに分類されています。

1　破瓜型統合失調症

　15歳から25歳前後など比較的若年に発症することが多く、平板化した感情やその場にそぐわない感情表出（例：不適切なくすくす笑い）など感情の障害、意欲低下といった意欲の障害が顕著なタイプです。思考は解体しており、まとまりのない言動がみられます。成熟早期から気づかれないまま精神機能の解体が進行するため、高齢の患者では人格水準が低下し無為自閉（自発性に乏しく無目的で引きこもった状態）といった欠陥状態に至っていることが少なくありません。

2　緊張型統合失調症

　20歳前後に急性に発症することが多く、外的刺激に反応しなくなる（昏迷）、外的刺激と無関係に興奮する（精神運動興奮）など緊張病性の症状が顕著なタイプです。ストレスとなる出来事をきっかけに症状再燃を繰り返します。自我機能は脆弱ですが、破瓜型と比較すると精神機能の解体は軽度なため、高齢の患者でも人格水準は比較的良好に保たれています。

　症状出現時は一時的に周囲の言動に反応できなくなりますが、患者の意識は清明に保たれています。反応がなくても患者に対する言動には配慮が必要です。

３　妄想型統合失調症

　30歳代に急性に発症することが多く、幻覚妄想が中心に現れてくるタイプです。幻覚は幻聴（例：「悪口を言う声が聞こえる」、「声に命令される」）が多く、被害関係妄想（例：「警察に監視されている」）、誇大妄想（例：「自分は皇族である」）などさまざまな主題の妄想がみられます。精神機能の解体は３つの類型のなかではもっとも軽度で、高齢の患者でも、人格水準は良好に保たれていることが多いです。しかし、妄想については固定化される傾向があるため、訂正困難なことが少なくありません。

Ⅱ　症状、初発症状

　自我機能の脆弱性により精神の諸機能が統制を失い解体していく過程で、患者ごとに多様な症状が現れてきます。まとまりのない思考（連合弛緩）、内的世界への没入（自閉）、相対立する感情や態度を同時に体験する両価性（例：泣き笑い、愛情と憎しみを一人の相手に対して同時に持つ）や感情鈍麻など感情性の障害は基礎症状として共通してみられます。

　高齢の患者では、幻覚や緊張病性の症状などの急性症状は消失していることが多いですが、人格水準の低下による生活技能の低下や社会的引きこもり、固定化した妄想による周囲との軋轢や援助に対する拒否が問題となることが少なくありません。

Ⅲ　経　過

　発症時期、自我機能の脆弱性、発症後の心理社会的環境、治療の有無や治療開始時期により、経過はさまざまです。病前の社会適応が良好、発症時期が遅い、情動負荷が少ない（例：対人的なストレスが少ない生活環境）、早期に治療を開始し、継続している患者のほうが人格水準の低下が少ないとされています。

Ⅳ　治療（薬物療法とリハビリテーション）

　幻覚や緊張病性の症状などの急性症状を軽減・予防するために、抗精神病薬による薬物療法が行われます。生活技能の向上を目的に心理教育（疾病や治療についての理解を促すプログラム）、生活技能訓練（SST）やデイ・ナイトケアなどの通所型プログラムを併行して行う場合もあります。

Ⓥ 日常生活援助のなかでの介護者の役割と限界

　服薬管理に配慮した援助が大切です。服薬状況や生活面での変化を主治医に伝えることは治療に役立ちます。一見奇異に見える行動や不自由な生活も患者にとっては必要不可欠なものであったり、安心感が得られるものである場合があります。援助行為に対する拒否を認めた場合には、いったん行為を中断し、行為の具体的な内容と意図を伝えるとともに、患者の意向を尊重することも大切です。

Ⓥ 日常生活援助の方法と留意点

　介護者の矛盾した感情や思考（例：本音と建前）が、患者に混乱と恐怖を感じさせ、拒絶を招くことがあります。また、患者が自身の感情を相手のものと混同する場合もあります（例：患者が抱いている好意を「ヘルパーさんが自分に求愛してくる」と相手が持っている感情と思い込む）。目的と内容が一貫したわかりやすい対応と、情緒的に一定の距離を保った関係の維持に留意することが大切です。

今後の学習のための　キーワード

◎破瓜型統合失調症　　◎無為自閉　　◎緊張型統合失調症
◎昏迷　　◎妄想型統合失調症　　◎幻覚妄想

（執筆：太田深雪・高見悟郎）

7　躁うつ病等

　　躁うつ病（双極性障害）、うつ病など気分障害の患者は、病的気分（現状にそぐわない偏った感情が続くこと）の波が繰り返し現れ、その影響が感情面だけでなく、思考や行動、体調など心身全体に病的症状として現れてくる人たちです。
　ここでは、
① 　気分障害の類型
② 　高齢の患者さんの初発症状、経過の特徴
について理解してください。

Ⅰ　病態、分類

病的気分の内容や程度によって次のように分類されています。

《気分高揚》　躁病 ← 軽躁病 ←《正常気分》→ 軽症うつ病 → 重症うつ病《抑うつ気分》

　　また、気分変動が両極性に現れるものを躁うつ病（双極性障害）、単極性に現れるものを躁病、単極性うつ病といいます。気分障害のなかでは単極性うつ病がもっとも多いとされており、治療により病前の状態に回復する患者さんも少なくありませんが、再発を繰り返す場合や病的気分が遷延＊する場合（気分循環症、気分変調症）もあります。

　＊遷延：完全に回復せずに症状が長引いている状態

Ⅱ　症状、初発症状

状態によって対照的な変化が心身全体に現れてきます。

	躁状態	抑うつ状態
気分	気分高揚（理由もなく爽快な気分）	抑うつ気分（落ち込んだ気分）
睡眠	睡眠欲求の減少（例：「眠らなくても平気」）	不眠（例：「眠りたくても眠れない」）、過眠
体調	好調	不調（易疲労感、倦怠感、頭痛など）体重減少を伴う食欲低下
行動	多動、多弁、浪費行動、性的逸脱行為	集中困難、決断困難、焦燥、思考運動制止
思考	観念奔逸（考えが次から次へかけめぐる状態）、肥大した自尊心、誇大性、誇大妄想	興味・喜びの喪失、自信喪失、自責感、希死念慮（死にたいと思うこと）、貧困妄想

　どの年代の患者でも睡眠障害（不眠や過眠、睡眠時間の極端な短縮）が初発症状として現れることが多いですが、高齢の患者では抑うつ気分といった病的気分を自覚していないことが少なくありません。抑うつ気分の訴えが目立たず、倦怠感や食欲低下、頭痛などの体調不良のみを訴える場合（仮面うつ病）や、認知症ではないにもかかわらず認知症に対する怖れと集中困難に伴う記銘力低下を執拗に訴える場合（仮性認知症）があります。

Ⅲ　経　過

　気分障害はセロトニン神経系やノルアドレナリン神経系など、何らかの脳神経系の機能不全が原因で発症するとされています。通常は薬物療法が有効な場合が多く、数か月を経て従前の状態に回復しますが、高齢の患者の場合、脳血管疾患や加齢による脳の変化も影響するとされており、典型的な経過をたどらない場合が少なくありません。

　薬物療法で十分な効果が得られない場合や、気分障害から認知症へ移行する場合もあるため、経過に応じた対応が大切になります。こうした高齢の患者さんでは焦燥が強く現れることも多く、自殺企図の恐れが他の年代の患者よりも高いとされており注意が必要です。

Ⅳ　治　療

　病像に応じて、抗うつ薬や気分安定薬による薬物療法が行われます。薬物療法で十分な効果が得られない患者に電気痙攣療法が有効な場合もあります。

1　抗うつ薬

　うつ病・抑うつ状態の治療に使用されます。セロトニン神経系やノルアドレナリン神経系の機能を改善することで抗うつ効果を発揮するとされています。従来の薬剤はそれら以外の神経系にも影響を及ぼすため、口渇や便秘、眠気やふらつきなどの副作用がありました。しかし、現在ではSSRI（セロトニン選択的再取込阻害薬）、SNRI（セロトニン・ノルアドレナリン再取込阻害薬）などの副作用の少ない薬剤が主流となっています。

2　気分安定薬

　躁うつ病の治療や再発防止に使用されます。炭酸リチウムが有効とされていますが、治療必要量と中毒量の境界が近く、治療により手指振戦（震え）などの影響が出る場合があります。現在では、気分安定効果のある抗精神病薬（統合失調症の治療薬）や抗てんかん薬（てんかんの治療薬）も用いられます。

Ⓥ 日常生活援助のなかでの介護者の役割と限界

睡眠衛生管理と服薬管理に配慮した援助が大切です。昼間の離床など規則正しい生活習慣を提案します。夜間の睡眠状況や服薬状況を主治医に伝えることは適切な治療に役立ちます。過度の励ましは焦燥を高め患者さんを追い詰める恐れがあるため、患者さんのペースに沿った見守りと助言が大切です。

ⓋⅠ 日常生活援助の方法と留意点

高齢者では、退職や子どもの独立といった社会的役割の喪失や、近親者との死別など喪失体験に直面する機会が増えていきます。こうした生活環境の変化に伴い睡眠衛生が悪化し、発症や再発のきっかけとなることが少なくありません。生活習慣の乱れに留意し、睡眠障害や体調不良が続く場合には、精神科医療機関の受診を促すことも大切です。

今後の学習のための キーワード

◎躁うつ病　　◎うつ病　　◎仮面うつ病　　◎仮性認知症

◎抗うつ薬　　◎気分安定薬

（執筆：太田深雪・高見悟郎）

8　神経症性障害（神経症）

　私たちは環境の変化や突発的な出来事など外的なストレスに常に
さらされていますが、無意識にさまざまな適応機制を用いています。
ストレスによって生じる葛藤や欲求不満を内的に処理し、適切な対
処行動で適応を図っています。神経症の患者は、心理社会的な要因
により、内的処理が破綻して不安症状が現れたり、適応機制が偏っ
て用いられるため、さまざまな特徴的な症状が現れる人たちです。
　ここでは、
　①　神経症の類型
　②　一般的な対応
について理解してください。

I 病態と主な分類

　神経症は、現れてくる症状や、発症に及ぼす環境要因の大きさによって次のように分類さ
れています。

1　不安障害・恐怖症性不安障害（不安症）

　不安症状（動悸、発汗、震え、口渇、呼吸困難感、吐気、眩暈など）が中心に現れます。
生活全般に不安を感じるもの（全般性不安障害）や、きっかけもなく過呼吸などの不安発
作が突然現れるもの（パニック障害）もありますが、特定の状況でのみ強い不安が出現する
もの（広場恐怖：単身で人混みに居ることに強い不安を感じる。社会恐怖、社交不安障害：
人前での会話など社交場面で強い不安を感じる）もあります。経過により、不安の出現を予
期して身構えることで、さらに不安が強くなる予期不安がみられたり、不安出現状況を回避
するため引きこもりなど生活圏が制限されていることがあります。

2　強迫性障害（強迫症）

　強迫思考、強迫行為が中心に現れます。強迫思考は本来的には危険を回避し安全を確保す
る内容（例：「鍵をかけ忘れていないか」、「ガス栓を閉めたか」）である場合が多いのですが、
患者の意志に反して過剰に反復されます。強迫行為は清潔（例：手洗いを何度も繰り返す）、
確認（例：施錠の確認）、整理整頓に関係するものが多く、過剰に反復するものと緩慢さが
目立つもの（例：長時間かけて身支度する）があります。

┃3　解離性障害（解離症）

　解離症状が中心に現れます。記憶、意識、知覚、運動のコントロールなど本来はまとまって働いている精神機能の一部または全ての統合が失われることを解離と言います。健忘、失立、失歩、失声などの症状があります。

┃4　身体表現性障害（身体症状症）

　執拗な身体的不調の訴えが中心に現れます。身体的な異常がないにもかかわらず自覚的には症状が続くため、複数の医療機関で検査や処置を繰り返したり、鎮痛剤などの薬物の乱用がみられることも少なくありません。身体的不調の訴えのみが続くもの（身体化障害：嘔吐や腹痛など消化器系症状やほてりや搔痒感など異常な皮膚感覚の訴えが多い）や、重病への恐れを訴えるもの（心気障害、例：頭痛がすれば脳出血、腹痛がすれば胃癌を心配する）、頑固で激しい痛みを訴えるもの（持続性身体表現性疼痛障害）などがあります。症状を理由に周囲の注意をひく傾向があり、近親者が巻き込まれ振り回された結果、対人関係が崩壊していることも少なくありません。

　高齢の患者では、加齢による身体機能の低下を背景に、心気障害などの身体表現性障害が多いとされています。

┃5　ストレス関連障害

　環境要因が主な原因となり発症するもので、重度のまたは持続的なストレスにさらされた結果起きてきます。発症までの時間やストレス因の大きさによって、急性ストレス反応（直後に発症）、適応障害（1か月以内に発症）、外傷後ストレス障害（災害や激しい事故、他人の変死を目撃する、拷問や虐待など、脅威的で破壊的な圧倒的体験の結果起きてきます。ストレス因に関連した状況の回避やフラッシュバック、過覚醒などの特徴的な症状が現れます）などに分類されます。

Ⅱ　症状と経過

　ストレス状況が周囲の援助などにより解消されれば症状は軽快します。しかし、高齢の患者では、近親者との死別といった喪失体験や加齢による身体機能低下など、ストレス状況を解消することが困難な場合が少なくありません。こうした場合、医療機関では、抗不安薬やSSRI（セロトニン選択的再取込阻害薬）を用いて不安や症状の軽減を試みたり、精神療法を用いて適応機制の幅を広げ、より柔軟な適応を促すことで症状の軽快を試みますが、長い治療経過が必要な場合も少なくありません。

Ⅲ　患者さんの心理

　神経症の患者の背景には不安が共通して存在しています。また、これまでの人生の総決算が課題となるライフステージにある老年期の患者では、現状の困難に対する怒りや抑うつなど苦痛な情動を抱えていることが少なくありません。こうした苦痛な情動は当初は表面に現れることは少なく、患者自身も意識できないことが多いですが、治療などにより和らげられて意識的に受け止められるようになると、回復の最終段階で患者さんの口から語られることがあります。

Ⅳ　介護者としての望ましいかかわり方

　適応機制が偏って用いられた結果、症状が現れます。逆に、症状を現すことで病的な適応を果たしているともいえます。症状自体を和らげようとする周囲の行為が患者の症状へのとらわれを強め、病的な適応を助長する結果をまねく場合があります。特に身体表現性障害の患者の場合、病的な適応に巻き込まれないために症状自体の訴えに対しては適度な傾聴に止めておくことも大切です。

今後の学習のための　🔑キーワード

◎適応機制　　◎身体化障害　　◎心気障害

（執筆：太田深雪・高見悟郎）

9　アルコール依存症

アルコール依存症（アルコール使用障害）の患者は、飲酒に対するコントロールを失い、さまざまな問題を起こしてしまっている人たちです。意識的コントロールが不能な病的状態にあるとの認識が、患者のご家族も含め、当事者に乏しい場合が多く、悪循環が繰り返されて問題は深刻化します。

ここでは、
①　アルコール依存症の定義
②　アルコール依存症に伴う身体的、精神的、社会的問題
について理解してください。

Ⅰ　病態と症状

　精神依存、身体依存、耐性の3つの要素によりアルコール依存が形成され、飲酒に対するコントロール喪失をきたし、身体的、精神的、社会的問題を起こしている状態をアルコール依存症といいます。

　世界保健機関（WHO）が作成した国際疾病分類（ICD-10）では、次の6項目のうち3項目以上に該当すればアルコール依存症と診断するとされています。

《精神依存》
　　・飲酒をしたいという強い欲求や強迫感がある。
　　・飲酒以外に楽しみがなくなり、飲酒を生活の中心にした単調なライフスタイルになる。
《身体依存》
　　・飲酒の中止や減量により、手指の震え、発汗、吐気、いらつきなどの禁断症状が出る。
《耐性》
　　・初めて飲酒した当時の量では酔えなくなっている。
《コントロールの喪失》
　　・いったん飲み出すと止まらなくなり、仕事中や翌日の仕事に差し支える時間まで飲む。
　　・飲酒が原因で病気や社会的信用の失墜など、不利益が生じているにもかかわらず飲酒する。

アルコール依存症の患者には、飲酒に伴い、次のような問題が起こってきます。

1　身体的問題

　長期間にわたる大量のアルコール摂取は、栄養障害やさまざまな細胞障害を引き起こし、合併症といった身体的問題を引き起こします。多くみられる合併症として、脂肪肝、アルコール性肝炎、肝硬変、慢性膵炎、末梢神経障害などがあります。糖尿病や貧血が起きる場合もあります。また、酩酊時のふらつきなどにより転倒することも多く、気づかないうちに頭部を打撲し、慢性硬膜下血腫から死に至ることもあります。

2　精神的問題

　長期間にわたる大量のアルコール摂取により大脳が萎縮することが知られており、アルコール依存症の患者では20歳代から脳の萎縮や認知能力の低下が起こってくるといわれています。認知症の進行など慢性的な影響以外に、アルコール離脱状態といった急激に起きてくる問題もあります。離脱症状は飲酒を中断したときにみられる禁断症状で、手指の震え、発汗、吐気、動悸、いらつき、痙攣発作などが起こってきます。症状の出現は一過性で1週間程度で消失することが多いですが、こうした初期症状の出現から3～4日後に幻視や激しい興奮を伴うアルコール離脱せん妄という重篤な症状が現れる場合があり、消耗から死に至ることもあります。

3　社会的問題

　飲酒に対するコントロールを失うにつれ、二日酔いの状態で仕事に出るようになります。休日は朝から一日中飲酒を続けるようになり、休み明けに1日欠勤したことをきっかけに、その日も飲酒をしてしまい翌日さらに出勤できなくなる連続飲酒がみられるようになります。連続飲酒により怠業を繰り返した結果、信用の失墜や失業などの社会的な問題を起こしてきます。

　高齢の患者では合併症が起こりやすく、また高齢になると、入院して医療を受ける機会が増えるため、飲酒が中断されアルコール離脱状態を起こすことも少なくありません。アルコール依存症の患者の多くは中年期に発症しますが、近親者との死別や孤独などのストレス状況をきっかけに飲酒量が増え、老年期になってから発症する遅発性の患者もいます。遅発性アルコール依存症の場合、加齢によりアルコール代謝が低下し、長時間アルコールが体内に残り毒性が強く認識されるため、過度の飲酒が妨げられることもあり、ストレス状況が解消すれば比較的回復しやすいとされています。

Ⅱ　日常生活援助のなかでの介護者の役割と限界

　飲酒（または断酒）状況の把握と、合併症の存在に配慮した援助が大切です。飲酒しなくなる人は40歳代から急速に増加し、70歳代では約4割の人が全く飲酒しない一方で、毎日飲酒する人の数はそれほど減少せず4割の人が毎日飲酒をするとされています。高齢者では連日飲酒者と非飲酒者に二極化しているため、自宅にお酒が置いてある場合、連日飲酒者であ

る可能性を念頭におく必要があります。また、1日の飲酒量は高齢になるにつれて減少し、大量飲酒は目立たなくなりますが、加齢により血液などの体液量が減少するため、高齢者では若年者よりも少ない飲酒量で血中アルコール濃度の上昇をきたします。少量の飲酒でも影響が強く出る場合があるため、注意が必要です。断酒会やＡＡ（Alcoholics Anonymous＝アルコホーリクス　アノニマス）のような自助グループの活動について伝えることも効果的です。

今後の学習のための
キーワード

◎依存　　◎アルコール依存症の合併症

◎アルコール離脱状態　　◎アルコール離脱せん妄

◎連日飲酒者　　◎断酒会

（執筆：太田深雪・高見悟郎）

10　知的障害

わが国では知的障害という概念が広く使われています。最近の診断基準では知的能力障害もしくは知的発達症というようになりました。
ここでは、
① 知的障害の特徴
② 日常生活を支援するポイント
について理解してください。

Ⅰ 知的障害の特徴

1　知的障害とは

　知的障害（知的能力障害もしくは知的発達症）とは知的発達に遅れのあることです。知的能力とは全般的な精神的能力であり、推論、計画、問題解決、抽象的思考、複雑な考えを理解すること、速やかに学習すること、および経験から学ぶことが含まれます。知能は適応行動、参加、対人関係、社会的役割、健康および状況に照らし合わせて考慮されなければなりません。米国精神医学会の診断基準によれば、①全般的な知的機能が平均以下、②日常生活における適応行動が年齢相当の基準より明らかに低い、③18歳未満に発症する、の3項目を満たす状態と定義されています。

　認知症などのように成人期に知的機能の低下がみられた場合は、知的障害とはいえません。知的障害の原因はさまざまですが、例えば染色体異常、周産期（生まれる前後のこと）の異常、乳幼児期の感染症などによる脳損傷も原因になることがあります。しかし実際には、半数以上は原因不明です。

2　症　状

　全般的な知的機能は、標準化された知能検査によって得られた知能指数（Intelligence Quotient；IQ）で評価されます。IQは検査から算出される精神年齢と生活年齢から、IQ＝精神年齢／生活年齢×100の式によって算出されます。知的障害の重症度の分類は、主にIQを用いてなされることが多いです（図表2−21）。しかし最近は支援を考えるうえで知能指数を用いないで、適応行動によって分類する考え方もあります。最近改訂された米国精神医学会の診断基準ではIQの数値ではなく、IQに相当する概念的な能力に加えて、社会的行動やコミュニケーション、日常生活の活動能力や職業能力を含めて総合的に判定することになっています。適応行動を評価するものには障害区分認定用の精神症状・能力障害二軸評価やVineland-Ⅱ適応行動尺度等があります。

　知的障害の症状は、その重症度、身体障害の有無、年齢によりさまざまです。経過は付随する身体疾患の経過と環境要因により影響されます。社会適応からはIQとの関連がみられます。中度から重度遅滞の知的障害では自立生活を送ることは稀ですが、軽度遅滞では遅れ

がみられてもゆっくりと発達して、適切な訓練や機会があれば身辺処理能力を向上させ、社会生活を営めることもあります。また、人によっては、てんかん、自閉スペクトラム症（じ へい しょう）、運動障害、視力・聴覚障害などを合併することがあります。

図表2-21　知的障害の重症度

軽　　　　度	およそIQ50以上70未満	（療育手帳　B2に相当）
中　　　　度	およそIQ35以上50未満	（療育手帳　B1に相当）
重　　　　度	およそIQ20以上35未満	（療育手帳　A2に相当）
最　重　度	およそIQ20未満	（療育手帳　A1に相当）

注）療育手帳の判定は知能指数を参考に行いますが、事務的に指数だけで判定されません。また地域によっても多少、IQの範囲に差のあることがあります。例として東京都では1度（最重度）、2度（重度）、3度（中度）、4度（軽度）と区分しています。また療育手帳の軽度知的障害判定にはIQ50以上75以下としている自治体が多いようです。

Ⅱ　日常生活を支援するポイント

1　支援の方法

支援の第一歩は個々の状態を知ることで、できれば医師、臨床心理士、言語聴覚士などの専門スタッフによる評価を受けることが望まれます。知的障害の重症度、合併症（がっぺいしょう）を把握して、身辺の自立度、移動能力、行動の特徴、好き嫌い、性格を知ったうえで、支援のポイントを探ります。社会適応の向上のためには身辺処理能力を向上させ、人とのコミュニケーションの能力を身につけていくことが大切です。利用可能な社会資源をうまく活用していくとよいでしょう。

2　支援のポイント

支援をするときのポイントは、利用者が理解できるような関わり方をすることです。言葉のみの指導をするのではなく、実物の提示や実際に行って見せたりして、視覚的な情報を同時に提示することが有効です。

同時に複数のことを行うのは難しいので、単純化したり、いくつかのステップに分解するとよいでしょう。作業の速度も個々によりさまざまなので、各自のペースに合わせ、時間をかけて何度も繰り返すことが大切です。コミュニケーションにおいても、言語に頼らずジェスチャー、絵カードなど、利用者が理解できる範囲のものでやりとりをしていくことが大切です。

行動上の課題に対しては、どのような状況で発生するのか、どのような意思が働いているのか、環境の変化やストレスが関係していないかなどを検討して、対応を考える必要があります。特に強度行動障害と呼ばれる状態のときは個々の対応のみならず、医療機関をはじめとして各機関の連携が必要なことが多いので、担当者一人で抱え込まず、積極的に関係者で検討会を行い支援の方向性を見つけていくことが大切です。

今後の学習のための　🔑キーワード　◎知的障害　◎知能　◎知能指数（IQ）　◎社会適応

（執筆：小澤武司）

11　発達障害

　　発達障害には自閉スペクトラム症、注意欠如・多動性障害、限局性学習障害等があります。一見普通に見える彼らと接するとき、わがままやサボタージュ（怠けている）と誤解したり、その支援の難しさにとまどうことがあるかもしれません。
　ここでは、
　① 発達障害の特徴
　② 日常生活を支援するポイント
　について理解してください。

Ⅰ 発達障害の特徴

　発達障害とは元来、医学的には発達の途上に生じた、発達の過程の障害の総称でした。しかし近年では、発達障害者支援法に規定されている定義からは、発達障害は自閉スペクトラム症、注意欠如・多動性障害、限局性学習障害など、生来的、もしくは乳児期の脳障害に基づく知的障害以外の精神系の発達障害を指すようになりました。発達障害の人は精神障害者保健福祉手帳を取得することができます。

1　自閉スペクトラム症（Autism Spectrum Disorder:ASD）

　自閉スペクトラム症とは、対人関係や社会性の障害やコミュニケーションの異常に加えて興味の偏りによって特徴づけられる一群の障害です。この特徴の現れ方は、強い人から弱い人までさまざまです。またある特徴は強くても、別の特徴は目立たない人もいます。知的障害がある人もない人もいます。これらを総称して自閉スペクトラム症と呼ばれます。これまではこの一群は小児自閉症、アスペルガー症候群、広汎性発達障害とも呼ばれていました。かつては環境因も考えられていましたが、現在では脳機能の異常からくる生まれつきの障害と考えられています。病態は詳細には不明ですが、イマジネーション（想像力）の欠如が考えられています。イマジネーションが欠如すると見通しが持てなかったり、相手の気持ちをうまく読み取れなかったりします。自閉スペクトラム症の病態は未だ不明で、そのものを治療することはできません。療育的対応のみが唯一の治療法です。自閉スペクトラム症の認知特徴やコミュニケーションレベルに合わせた配慮をすることで基本的な生活習慣の確立、集団参加、簡単なやり取りが可能になります。

　症状としては、3歳以前から次のような症候を持ちます。自閉スペクトラム症の診断は特徴的な行動からなされます。20〜30％の割合でてんかんを合併すると報告されています。

⑴　**対人関係、社会性の障害**

　　視線、表情、姿勢などから相手の意図を読み取り、喜び、興味、達成感を分かち合うことをして、人と関係を作り、深めていくことが難しいことがあげられます。その結果、友達関係を成立、維持、発展させることが難しくなります。集団行動に参加するうえでも支障が生じます。

⑵　**コミュニケーションの障害**

　　言葉の遅れのみでなく、オウム返しや一方的な発信、同じ質問を繰り返すなど、会話が成立しにくいことがあげられます。比喩、冗談などがわかりにくいこともあります。

⑶　**興味の限局、常同行動**

　　興味、関心の偏りがあり、高じるとこだわりと呼ばれます。常同行動とは強迫的に同じ行動を繰り返す、あるいは手をひらひらさせたり、身体を複雑に動かしたりする奇妙な癖などを指します。

2　注意欠如・多動性障害（Attention-Deficit／Hyperactivity Disorder：ADHD）

　　ADHDは、自分をコントロールする力が弱く、それが行動面の問題となって現れる障害です。不注意、多動、衝動性という3つの症状が特徴的です。不注意とは、気が散りやすい、忘れ物が多いなどで、多動とは、落ち着きがない、じっとしていられない、授業中に立ち歩くなどで、衝動性とは、考える前に行動してしまうような行動をいいます。ADHDの原因は、脳の神経伝達物質（脳内の神経細胞間で情報のやりとりをする物質）であるドーパミンやノルアドレナリンの働きの不足と考えられています。

　　ADHDは、家庭、学校、職場、対人関係など広い範囲で支障をきたす可能性があります。学齢期の子どもの3～5％程度を占めるといわれていますが、成人するまでに症状は軽減することもあります。ただし、この障害に気づかず不適切な対応が続くと、自己評価が低下し自尊心を育むことができなくなることがあるため、注意が必要です。

　　治療の目標は健全な人格形成であり、そのために行動のコントロールが必要で、薬物療法、環境統制、心理社会的アプローチがあります。対処法は集中できる環境づくりと動機づけです。この症状は環境の影響を受けやすいため、気が散らないように刺激を減らすこと、注目すべきことを強調することでコントロールしやすくなります。また、好きなことには集中しやすいので、本人のやろうとする気持ちを高めていくとよいでしょう。実際は不注意や多動が本人の意思では止められないのに、「何度注意しても聞かない」と叱られてしまっていることが多いのです。本人が活動に参加できて、自分が"できる"と思えること（自己有能感）が大切です。

3　限局性学習障害（Specific Learning Disorder：LD）

　　限局性学習障害の定義は、一般的には、知能、視力、聴力、運動機能、情緒、意欲、環境条件などに著しい遅れや問題がないのに学習上の困難があり、学業成績が上がらない状態と考えられます。学習とは話し言葉、文字言語、計算、数概念などの習得を指します。代表的な限局性学習障害には、ディスレクシアと呼ばれる読み書き障害があります。これは、話し言葉ややりとりには問題がないのに、文字の読み書きのみが障害されるものです。一見

普通に見えますが、駅の案内、看板、注意書きを読むことに困難を伴うため、大きな失敗をしてしまうこともあります。限局性学習障害に対してはその人の認知特性を考慮した教育的な配慮が必要です。文字の読み書きが困難でも、代わりとなる方法を工夫することによって、困らないように支援していきます。

Ⅱ 日常生活を支援するポイント

　発達障害の人たちは、周囲からはわがまま、落ち着きがない、乱暴（らんぼう）と叱（しか）られたりいじめられたりすることで、自尊心を低下させてしまうことが多くみられます。発達障害は、病気というより、人の違いと考えたほうが適切と思われます。その人たちの物の見え方、感じ方、考え方の違いを認めたうえで、一緒に暮らしていくためにはどのような工夫が必要なのかを考えていくとよいでしょう。発達障害の特徴をよく理解し、適切な援助を行うことで、症状が出にくくなり、社会参加を可能にします。

1　特性に合わせた支援

①　見えないものを理解することの困難さ

　自閉スペクトラム症の人たちは、概念（がいねん）を形成したり抽象（ちゅうしょう）的な思考をすることが苦手です。時間や空間を理解することも困難です。したがって、環境を整理し、理解しやすい構造を作ること、視覚的な手掛かりを用いて、抽象的な概念を具体的事柄に置き換えて示すことが、よい手助けになります。自分の周囲で起こっていることの意味がわかるように、一つの場所は一つの活動や目的のために限定的に使用し、場所を明確にするために区切りをつけて区別するとよいでしょう。状況の推移がわかるように視覚的にスケジュールを提示することにより、見通しが持てることで、本人が安心して自律的に動くことができます。

②　コミュニケーションの障害

　自閉スペクトラム症の人たちの多くに、言語の問題がみられます。とくに実際の生活場面で、社会的に言葉を使う実用的な会話が苦手です。言葉以外の方法で周囲の状況や指示を理解できるように配慮すること、表現しやすいコミュニケーション手段を見つけてあげることが重要です。

(1)　**言語的（聴覚的）なコミュニケーションに頼りすぎない**
　①　実際にやってみせる（モデル）
　②　直接的に行動を援助する
　③　身振り、絵カード、写真カード、文字カード、などを示す

(2)　**コミュニケーションの原則**
　①　簡潔（かんけつ）である（曖昧（あいまい）でない）
　②　具体的である（抽象（ちゅうしょう）的でない）
　③　一貫性（いっかんせい）がある（臨機応変（りんきおうへん）にしない）

③　環境の見直し
　①　衣食住において不快なことがないか？
　②　適度な刺激と発展的な活動がなされているか？

③　安心できる環境か、休養が保証されているか？
を確認しましょう。

２　行動のコントロール

　主に行動療法を用いて本人の行動をコントロールしていくとよいでしょう。自閉スペクトラム症の場合は行動の修正よりも正しい行動を教えていくほうがよいでしょう。否定的な言葉を使わないで、禁止ではなく、やるべき行動を教えていきましょう。こだわりはなくそうとするのではなく、よい方向に利用することを考えます。例えば、不安な場所では好きなものを持っていると落ち着きます。苦手な刺激は道具を使ったり距離をとったりして減弱できるように配慮しましょう。例えば大きな音に過敏な方にはイヤマフや耳栓を使って調整していきます。自傷や他害が激しいため外傷や生命の危険がある場合は保護室や保護帽を使用することがあります。

３　薬物療法

　薬物療法のみで発達障害が改善することはありません。しかし対応の工夫をしても困難なことがあり、その場合に薬物療法が手助けになることもあります。

　自閉スペクトラム症を改善させる薬はまだ存在していませんが、行動上の問題や感覚過敏が著しく、生活が困難な場合にはリスペリドンやアリピプラゾールなどの抗精神病剤の投与により症状が軽減されることがあります。これらの薬では眠気や倦怠感が出ることがあります。食欲が増して肥満になることがあります。またてんかんや睡眠障害などの合併症がある場合は、それに応じた薬物治療があります。

　ADHDの場合、工夫をしてもうまくいかない時には薬の助けを借りるとうまくいくことがあります。日本ではメチルフェニデートの徐放剤（成分が徐々に出るように工夫された薬）、アトモキセチン、グアンファシンという３種類の薬が使われています。小児においてはこれらの薬が有効でない場合、リスデキサンフェタミンという薬を使うことができます。これらはADHDの原因となる脳の神経伝達物質の働きを改善させ、集中力を増して、感情や行動のコントロールをききやすくする効果が期待できます。しかし他の発達障害や知的障害を改善させるものではありませんので、きちんと評価して診断したうえで、正しい使い方をすることが大切です。どちらもよくみられる副作用としてはメチルフェニデートの徐放剤やリスデキサンフェタミンでは食欲不振と睡眠障害が、アトモキセチンでは頭痛、腹痛、眠気が、グアンファシンでは眠気と血圧低下があります。

◎発達障害　　◎自閉症　　◎コミュニケーション
◎注意欠陥・多動性障害（ADHD）　　◎学習障害

（執筆：小澤武司）

12　ダウン症

ダウン症は、知的障害を伴う染色体異常の代表としてよく知られています。ここでは、
① ダウン症の特徴
② 日常生活を支援するポイント
について理解してください。

Ⅰ ダウン症の特徴

1　ダウン症とは

　ダウン症は、染色体（せんしょくたい）異常による生まれつきの障害です。人間の身体の細胞の核の中には染色体があります。染色体というのは身体の設計図のようなものです。この情報に基づいて身体が作られ、活動をしています。親から子に受け継がれていきます。だから親子は似ているのです。人間の染色体は2本で1組になっていて、通常は23組で46本あります。

　ダウン症の場合は、21番目の染色体が3本と過剰（かじょう）であることによって起きます。顔貌（がんぼう）から本症を疑い、染色体分析検査にて診断されることが多いのですが、最近では出生前診断も可能になりました。珍しい障害ではなく、出生の約1/800の頻度（ひんど）でみられます。発生頻度は母親の年齢によっても異なります。例えば母親の年齢が15〜29歳で1/1500の出生、40〜44歳で1/100の出生という頻度です。最近のダウン症候群の年間推定出生数は2200人（1万人出生当たり22人前後）で高齢出産の増加と出生前診断の普及により、横ばい傾向につながったと思われます。

2　症　状

　ダウン症の症状は、特徴的（とくちょう）な顔つき、知的障害、筋緊張（きんきんちょう）の低下からくる運動発達の遅れからなります。外見上は、後頭扁平（こうとうへんぺい）、小頭（しょうとう）であり、両目の間が広く、少しつり目（眼瞼裂斜上（がんけんれつ）（しゃじょう）に見えます。耳介（じかい）は小さく、鼻は短く鼻根部（びこん）は平坦です。頭髪は細く柔らかいなどの特徴的顔貌を呈（てい）します。最終身長は男性で145cm前後、女性で141cm前後とされ、学童期以降は肥満傾向を示すことが多いようです。知能発達は一般に軽度の遅れを呈しますが、程度には幅があります。ダウン症の性格は、道化的、音楽好き、模倣力（もほう）に富む、強情、社交的、従順（じゅうじゅん）、活発、おしゃべりなどで、一般的に社会適応がよいとされています。平均寿命は、医学的管理の向上により60歳まで上昇したといわれています。さらに人によりさまざまですが、目や耳などの感覚器疾患、先天性心疾患、消化管奇形などの合併症を持つことがあります。

　(1)　先天性心疾患、消化管奇形：ほとんどが新生児期に診断されます。運動や食事内容に

制限があることがあります。

(2)　感覚器疾患：耳介の変形や中耳・内耳の奇形、聴覚障害を合併することがあります。眼の症状として白内障、斜視、眼振を合併することがあります。屈折異常は約60％に認められます。どのくらい聴こえるか、見えるのかは、安全面のうえでも把握しておくとよいでしょう。

(3)　血液疾患、感染症：白血病になる割合が高く、一般小児の15〜20倍といわれています。風邪、中耳炎、肺炎などの呼吸器感染にかかりやすいので注意が必要です。

(4)　精神疾患：てんかんの合併は5〜10％に認められます。小児期のてんかんでは点頭てんかんが多く、成人期ではアルツハイマー様の認知症の進行に伴う遅発型のてんかんが多くみられます。一般的には、模倣が上手で、社交的、陽気で朗らかです。ただし、自閉スペクトラム症の合併も約10％にみられるといわれています。また、首の構造が弱いことがあります。首は頸椎という骨が積み重なっています。この頸椎の中を脊髄という神経の束が通っています。ここが弱いと脊髄を圧迫してしまうことがあり、場合によっては生命の危険もあります。危険性があるときには、トランポリンや柔道などの、頸部に負担のかかるスポーツは制限する必要があります。

Ⅱ　日常生活を支援するポイント

　ダウン症の支援のポイントは、精神・運動発達の遅れと合併症です。小児期に診断されることが多いのですが、定期的な医学的管理が必要です。小児期は健康管理上の問題と運動発達の問題が大きくみられますが、成人期では知能の遅れが主たる症状ですので、接し方は知的障害の人と同じと考えてよいでしょう。ただし、成人になって運動能力には問題がなくても、筋力が弱く不安定性があるので、姿勢が悪かったり、動作がゆっくりだったりします。運動や身体を使った活動をする際には、その人の体力や疲労度をみて、無理をさせないことも必要です。合併症がある場合は、それへの対処も必要です。

　ダウン症の人が社会に適応するには、生活リズムを整え、身辺処理能力を向上させ、コミュニケーションの手段を獲得することが重要です。そのためには、興味を引くような刺激を取り入れたりして、自発的に活動できるように配慮することが必要です。作業場面では、一度身につけてしまえば一生懸命作業に集中することが多いのですが、作業内容が理解できなかったり、状況が以前と変わったりすると作業がまったく止まってしまい、場合によってはパニックを起こします。また、頑固な面もあるので、無理強いすることなく、できたことをほめてあげたり、責任ある役割を与えたりすると、非常にまじめに仕事をこなしたりもします。

今後の学習のための **キーワード**　　◎ダウン症　　◎染色体異常　　◎運動発達遅滞　　◎合併症

（執筆：小澤武司）

13　高次脳機能障害

　　脳卒中や脳外傷の後で、記憶や注意などの障害が残存する場合があります。手足の運動機能障害と違って外見上は見えにくく、理解されにくい障害です。
　ここでは、
　① 原因疾患
　② 症状
　③ 診断基準
　④ 評価方法
　⑤ 対応方法
について理解してください。

I　原因疾患

　原因となる病気や外傷は多様です。代表的なものには、脳梗塞や脳出血、くも膜下出血などの脳卒中（脳血管疾患）、脳外傷（脳挫傷、びまん性軸索損傷 など）、脳炎、低酸素脳症、脳腫瘍などがあります。こうした原因によって、脳の記憶や意欲、行動抑制に関係する部分などが損傷されて、さまざまな症状をきたします。

　とかく若年者の交通事故やスポーツなどによる外傷性脳損傷に注目が集まる傾向にありますが、一般的なリハビリテーション施設、とくに急性期からリハビリテーションを実施している医療機関では、中高年の脳血管疾患による患者が圧倒的に多くなります。

II　症　状

　高次脳機能障害（図表２−22）は、持続性がない、単純ミスが多い、すぐに忘れて何度も聞く、仕事の能率が悪い、勝手なことをする、あるいは、声かけをしないと動かない、対人関係が苦手、社会性・協調性が欠如、我慢がきかない、思ったことをすぐ口に出す、異性への興味が強い、感情の変化が激しい、こだわりが強いといった変化によって気づかれることがあります。高次脳機能障害のある人は、手足のマヒなどの身体障害の合併がない場合もあり、一見しただけではその障害がわからないことが特徴で、外見上見えにくく理解されにくい障害です。また、最終的には身体障害よりも社会復帰に対する影響が大きいことも多いです。

　こうした症状は個人差が大きく、対応方法も一人ひとり異なったものとなるのが普通です。症状が重度の場合には、誰が見ても問題があることは明らかです。しかし、軽度な症状の場

図表２－22　高次脳機能障害の症状

問題を指摘されても気にしない。困ったことはないという。	⇒	障害認識の低下・欠如
自発的な行動がみられない。すぐ疲れたと横になる。	⇒	自発性低下、易疲労性
数分前のことを忘れている。	⇒	記憶障害
課題に集中して取り組めない。	⇒	注意障害
話題が変わっても話についていけない。	⇒	思考の転換が困難
仕事の計画が立てられず、効率が悪い。	⇒	遂行機能障害
気になることがあると繰り返し確認・実行する。	⇒	不安
いったん思い込むとなかなか修正できない。	⇒	こだわり
ちょっとしたことですぐ怒ったり、いらいらする。	⇒	感情コントロール低下

その他：知的低下、半側空間無視、情報処理スピード低下、依存・退行、意欲低下、抑うつ、興奮・攻撃性、脱抑制など

合には、日常生活を送るうえではほとんど援助がいらないとの判断で、自宅へ退院し、会社に復職した後になって高次脳機能障害に関する問題が明らかとなり、就労の継続が困難となってしまいます。そうした意味では、けっして軽度の症状とはいえません。必ずしも早期に障害が発見されていれば復職がうまくいく、とはいえませんが、できる限り早期に評価されたほうが有利と考えます。

　合併症状として、手足のマヒなどの運動機能障害を合併することがあります。また、構音障害（うまく発音することができない）や失語症（言葉そのものの理解や発語ができなくなる）を示すこともあり、コミュニケーションを取ることが困難な人がいます。また、脳卒中や脳外傷後の後遺症として、てんかん発作がみられる場合は薬の継続的服用が必要です。

　代表的な症状について説明します。

1　記憶障害

　記憶には登録（記銘）⇒保持⇒再生（想起）という段階がありますが、どの段階で障害されても記憶の問題が生じます。登録ができなければ新しい記憶が困難となりますし、再生ができなければ過去の記憶を引き出すこともできません。また、ごく短時間の記憶は保持できても、長時間あるいは妨害が入ったときには忘れてしまうといったことも起きます。一方、車の運転など、いわゆる体で覚えたこと（手続的記憶）は忘れにくい傾向があります。

2　注意障害

　認知機能のなかでも注意の機能はもっとも基本的なものの一つです。他者の話を注意集中して聞くことができず、結果として物事を記憶できないということも起こります。

　注意機能は、一定の活動の間注意集中を持続する機能（持続）、複数の情報の中から必要なものを選択する機能（選択）、複数のことに気を配り同時に実施する機能（配分）、必要に応じてほかのことに注意を転換する機能（転換）などに分類されます。注意障害とはこれらのうちのいくつか、あるいはすべての機能が障害されたものをいいます。

第8章－2　13　高次脳機能障害

3　遂行機能障害

　遂行機能障害は、前頭葉機能の障害による症状の一つです。日常生活や社会活動を行うに際して、目標や計画を立てて、周囲の人と協力・調整しながら、効率よく遂行していく機能です。知的能力が保たれていても、病前の仕事をうまくこなすことができなくなります。

4　半側空間無視

　半側空間無視は、脳卒中で右半球が広い範囲で損傷された場合によくみられ、左半側空間無視が多いです。
　食事の左側に気づかず食べ残す、左側の壁や柱によくぶつかる、顔の左側の髭剃りや化粧をしない、左側に顔を向けない、左からの刺激に反応しない、といった症状が代表的な症状です（図表2-23）。
　さらに、着衣障害（更衣がうまくできない）、構成障害、注意障害、病識の低下、身体失認、感情・情動障害、コミュニケーション障害などの症状を認めることもあり、まとめて「右脳症状」と呼ばれることもあります。左大脳損傷による右半側空間無視もありますが、多くの場合は改善します。

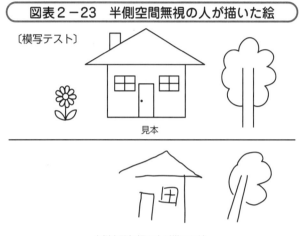

図表2-23　半側空間無視の人が描いた絵
〔模写テスト〕
見本
半側空間無視の人が描いた絵

5　社会的行動障害

　興奮する、大声を出す、暴力を振るう、思ったことをすぐ口に出して言ってしまう、自傷行為をする、自分が中心でないと満足しない、などといった興奮、衝動性、脱抑制、感情コントロール低下といった情緒面や行動面の問題を生じることがあります。

Ⅲ　診断基準

　医学的には、認知症や失語症、失行、失認、記憶障害などの他の認知障害や情緒障害が高次脳機能障害に含まれます。一方、高次脳機能障害支援モデル事業による診断基準（図表2-24）によれば、認知症や失語症、発達障害、その他の先天性の障害は含まないとされています。
　認知症にはさまざまな原因疾患がありますが、神経難病による認知症状も、進行性疾患の症状として除外されます。失語症に関しては、身体障害者手帳の対象となっていることが除外の理由です。行政用語としての高次脳機能障害の範囲は、医学的なものよりも狭義であることには注意が必要です。
　また、症状的には高次脳機能障害を疑わせますが、事故や病気との因果関係が明らかでな

く、客観的な検査所見もない場合には、高次脳機能障害の診断が難しくなることがあります。

図表2-24　高次脳機能障害支援モデル事業による診断基準

◆ **主要症状等**

　1. 脳の器質的病変の原因となる事故による受傷や疾病の発症の事実が確認されている。

　2. 現在、日常生活または社会生活に制約があり、その主たる原因が記憶障害、注意障害、遂行機能障害、社会的行動障害などの認知障害である。

◆ **検査所見**

　MRI、CT、脳波などにより認知障害の原因と考えられる脳の器質的病変の存在が確認されているか、あるいは診断書により脳の器質的病変が存在したと確認できる。

◆ **除外項目**

　1. 脳の器質的病変に基づく認知障害のうち、身体障害として認定可能である症状を有するが上記主要症状を欠く者は除外する。

　2. 診断にあたり、受傷または発症以前から有する症状と検査所見は除外する。

　3. 先天性疾患、周産期における脳損傷、発達障害、進行性疾患を原因とする者は除外する。

◆ **診　断**

　1. 主要症状、検査所見、除外項目全てを満たした場合。

　2. 診断は急性期症状を脱した後において行う。

　3. 神経心理学的検査の所見を参考にすることができる。

Ⅳ 評価方法

　症状に応じてさまざまな評価方法が開発されましたが、多くの医療機関で共通して使用される方法が徐々に確立されています。その多くは、机上での検査ですが、その結果と実際の行為・行動とは必ずしも一致しません。机上検査では問題ないと思っても、生活上の評価・観察では課題となる場合も多く、医療職以外の家族や日常的な支援者からの情報収集が非常に重要となります。

Ⅴ 対応方法

　高次脳機能障害者への対応では、まずは正確な症状と医療情報の把握が必要です。そのうえで、リハビリテーションを行うにあたっては、治療的アプローチと代償的アプローチの使い分け、精神状態と障害認識の程度の把握、が重要となります。

　治療的アプローチとは、障害そのものを回復・改善させようというものです。しかし、それには自ずと限界があります。代償的アプローチは、ノートや手帳、スマートフォン、タイマーなどの道具を利用して、記憶障害や注意障害などの障害を補う方法を検討し、身に付けてもらうアプローチです。本人にある程度の障害認識がなければ代償的アプローチを使用する必要性を感じてくれないため、障害認識を高めるような集団での認知訓練も有用です。行動面の症状が明らかな場合には精神科的な投薬治療を必要とすることがあります。

　その他、支援に際しての留意点を図表２－25にまとめます。社会的な認知度も福祉サービスも、まだ不十分ではありますが、精神障害者保健福祉手帳の取得の対象にもなっていますので、必要な場合には行政機関や主治医に相談するとよいでしょう。

　高次脳機能障害は出現する症状が多様で個人差が大きいため、単に「高次脳機能障害」と言うだけでなく、記憶障害や遂行機能障害といった具体的な症状を伝えて説明することが大切です。

図表２－25　支援に際しての留意点

1. 高次脳機能障害者は環境の変化によって混乱することが多いため、変更は最小限にとどめ、できる限り単純な環境を設定する。

2. 慣れた環境下において、種々の動作を自動的に（意図せずに）実行しているということがよく見られる。したがって、可能な限り早期に自宅へ戻ることは情緒面の安定が図られるだけでなく、ADL の向上という点でも有利であり、自宅や勤務先など実際の場での繰り返し訓練が実施できるのであれば、最も効果的・効率的な訓練方法になる。

3. 適度な休憩を入れながら訓練・作業を行うことや能力に応じた訓練内容を設定する。

4. 訓練や作業の手順を一定化し、指導もできる限り単純化する。その場合、口頭指示または文字や絵による指示が適当なのか、あるいはわれわれが患者の手をとって実際の動作を一緒に実施するのか、など適切な指示の方法を検討する。

5. 個別での対応からグループ訓練へとすすめる。

6. 目標設定を一緒に行い、批判するよりも好ましい行動を強調する。好ましい行動の「強化づけ」にほめることを心がける。

7. 家族や職場の同僚に対して適切な接し方を指導して、人的な環境を整えることが欠かせない。

今後の学習のための
🔑 キーワード

◎高次脳機能障害　　◎記憶障害　　◎注意障害

◎遂行機能障害　　◎半側空間無視　　◎社会的行動障害

◎高次脳機能障害支援モデル事業による診断基準

（執筆：高岡徹）

1　家族の心理・かかわり支援

障害者や高齢者のいる家族は、介護による肉体的負担以外に精神的負担が大きいものです。家族が陥りやすい心理的傾向やストレスについて理解し、それらの負担を軽減するため、どのような働きかけが必要かを学びます。
ここでは、
① 　介護する家族の遭遇するストレス
② 　障害の理解と受容支援
③ 　介護負担の軽減
について理解してください。

Ⅰ　介護する家族の遭遇するストレス

1　家族の変化と介護力の低下

　現代は核家族化により世帯人数が少なく、障害者や高齢者のいる家族の介護力は低下しています。増加する高齢者世帯では老老介護も多く、介護者がストレスと過労で倒れる例もみられます。また一人親世帯の増加や少子化により、親が高齢になり介護が必要になった場合、介護負担が子どもに集中する現状もあります。何より昔の日本で介護を中心に担っていた女性が家庭外で就労する割合が増え、障害者や高齢者の介護は、社会全体で支え合う視点が重要になってきました。

2　家族関係のアセスメント

　家族関係は利用者の精神状態、介護環境に大きく影響します。必ずしも同居する家族と利用者との人間関係がよいとは限りません。例えば、人間関係があまりよくない家族に介護される高齢者や障害者の日常は、楽しいものとはいえません。
　介護職は、家族歴による人間関係を十分にアセスメントすることが大切です。誰が介護の中心を担っているか、利用者は誰を一番信頼しているか、親族内の介護者の年齢や職業、家族状況による介護の協力程度について把握しておくことが大切です。

3　介護による負担

　家族介護者には、実質的な介護から派生する精神的、物理的、経済的負担が伴います。共働き、老老介護、介護者に障害がある場合は、家族への負担は大きく、特に在宅の場合は大

第8章—3

1
家族の心理・かかわり支援

きくなるでしょう。また、急に介護者の立場になった場合、物心両面での準備がなく、誰もが大きな葛藤を抱えてしまいます。親族への報告や経済的負担の調整のための気遣いなど、配慮も必要になります。介護職はこれらの苦労についても理解しておきましょう。

4　家族介護者に多い精神的ストレス

(1)　人間関係によるストレス

　　介護者が利用者との人間関係に葛藤を抱えている場合、介護することは大変なストレスであり重荷となることがあります。また、家族間、親族間での人間関係が円滑でない場合、介護者はその軋轢に巻き込まれやすく、介護者が悪者にされてしまうこともあります。

(2)　介護負担による精神的ストレス

　　介護の負担を一人だけで負っている介護者の場合、精神的なストレスと同時に、自分の時間や家庭外での活動が制限されることへの不満などが出てくることがあります。また、自分の負担を誰も理解し助けてくれないという孤独感と孤立感を感じることもあります。

　　その他、進行していく障害や病状を目の当たりにすることから、自分に力がないために病状が悪化し、進行するのではないかという不安も起こることがあります。これらは、真面目で誠実な介護者ほど陥りやすい傾向があります。

Ⅱ　障害の理解と受容支援

1　障害受容のプロセス

(1)　先天的障害と中途障害

　　障害受容のプロセスは喪失体験と似ていて、図表3―1のようなプロセスを経ます。

　　最初のショック期から受容期へとスムーズに到達することはめずらしく、完全な受容に至るまで、途中で何度か行ったり来たりを繰り返しながら、数年かかる場合もあります。中途障害の場合、障害の種類や程度により受容に時間を要する場合があります。障害の受容の有無は、その後の精神的回復、社会復帰への意欲に大きな影響があります。

(2)　家族にとっての障害の受容

　　障害の受容は、家族にとっても本人を支えるうえで必要です。障害者本人が先に受容できるか、家族が先かは個々のケースによって異なります。いずれも年齢的に若くて生きるエネルギーが旺盛なケースのほうが、受容への移行プロセスは早いようです。

　　障害児の親の場合、障害が先天的であれ後天的であれ、その原因が自分にあると自分を責めてしまう場合もあります。そのため、家族が心身共に疲れてしまい、自分の身体を壊してしまうこともあります。そのような危機を乗り越え、家族全体で無理のない形で障害児を受けいれられた時、初めて障害を受容したことになります。

図表3－1　家族の障害受容のプロセス

1．ショック期	病気や事故直後の呆然（ぼうぜん）とした状態で、家族も障害への認識もなく、表面的には平穏にみえる。
2．否認期	「まさか自分の家族に限って」（否認）、「こんなことになるなんて……」（怒り）、「懸命に支えれば、元通りになるかも」（取引）等と考えたりする。
3．混乱期	「必死に努力したのに何も変わらない」「周囲の誰も支えてはくれない」と周囲の人を責めたり、「自分の力が足りないのでは」と自分を責めて抑うつ的になったりする。
4．適応への努力期	「本人もやる気が出たから私も頑張ろう」「○○さんも一生懸命に家族を支えているのだから」と前向きの気持ちが生まれる。
5．受容期	障害のある家族としての新たな生活の充実感を見出していく。

事例　　**障害の受容：頸椎損傷から再起した息子を支える母親**

　一人息子を母子家庭で育てたKさんは、ある日、息子の事故で警察から電話を受けます。深夜友人の家からの帰途、雨のなかで息子のオートバイが横転し、意識不明で病院に運ばれたのでした。

　病院にかけつけ、息子が命を取りとめたことを知り、ほっとしたのもつかの間、精密検査の結果、頸椎（けいつい）損傷のため生涯半身不随と診断されました。2日後、意識が戻った本人に主治医から告知されましたが、「うちの子に限って、きっと誤診（ごしん）だろう」と信じられず、母子でしばらくは、病状が落ち着けば元通りになると奇跡を願う気持ちでした。

　見舞いに訪れる友人や親戚の手前、2人とも気丈に振舞っていましたが、3か月して病院から県のリハビリテーション病院に転院を促（うなが）され、親子それぞれの人生設計が全く狂ってしまった現実に直面することになります。今後の障害を背負った真っ暗な未来に息子はどう向き合っていくのか、Kさんは神も仏も無いという運命を呪う気持ちと怒りでいっぱいになりました。きっと息子の気持ちはもっとつらいものだったでしょう。

　絶望で打ちのめされた息子の心は荒れ、見舞い客を断り、労（いた）わろうとするKさんにも八つ当たりして、食事もとらず、Kさんにさえ物を投げ、怒鳴る日々が続きました。宥（なだ）めすかして転院したリハビリテーション病院では、医師や理学療法士、看護師がチームになってリハビリテーションの他、カウンセリングにも親身に当たってくれ、少し落ち着きました。

　最初の1か月、全身不随（ぜんしんふずい）のもっと症状が重い同病の仲間を見て、「他の人も頑張っている」と懸命にリハビリに取り組んだ息子ですが、どうしても以前の自分の姿への未練（みれん）が断てず、つき合っていたガールフレンドが疎遠（そえん）になったことで絶望し、リハビリへの意欲を失い、再び心を閉ざして、自宅に戻ると言い出しました。

　自宅に戻ってからの親子の生活は、息子が自暴自棄（じぼうじき）になり、まさに暗黒の地獄の日々でした。息子を宥めるため、ひたすら身の回りの世話に徹するKさんは疲労と心労のため身体を壊しそうでした。でも、息子はもっと苦しんでいると思い直し、訪問看護や訪問介護の手を借りながら、頑張り続けました。

　3か月後、病院に定期検査にも行かない息子を心配して、主治医と懇意（こんい）だった看護師が訪問してくれました。「食事や生活時間の乱れで健康とは言えませんが、若さでどうにか持っています。心はまだ暗いトンネルの中ですが、きっと明かりが差す時が来ます。死のうと思ったけれど、お母さんにすまなくて、と言ってましたよ」と言われ、息子を残しては死ねないと頑張っていたKさんは、息子の気持ちに涙がこみ上げ、心に希望の光が差し込むのを感じました。

　それでもしばらくインターネットやビデオを夜観て、昼寝るという昼夜逆転の生活で心を開かなかった息子ですが、1か月ほどして同じ病院にいた青年が、リハビリテーションセンターで訓練を受けて就職し、車の免許も取ったということで訪問してくれました。
　メールのやり取りをしていたらしく、息子と長時間話をして帰っていきました。人と長く話すことはしばらくなかったので「疲れなかった？」と部屋に入った母親は、息子の変化に驚きました。明るい日差しの中の息子は「今度、ぼくもリハビリテーションセンターに入って訓練を受けてみる。今度は投げ出さないで気長にやってみるよ。死んだ気になれば何でもできるって彼が言ってたから」と、別人のようにすがすがしい顔で言ったのです。
　1か月後、息子はリハビリテーションセンターに再び入りました。Kさんもパートの仕事を見つけ、週に1、2回面会に行きます。良い仲間に恵まれ、昔の活気を取り戻し、パソコンの技能や車いすでのスポーツでの腕前をうれしそうに話す息子の姿に、1年前の事故で救われた命のありがたさをかみしめるKさんでした。

2　介護力による家族の類型

　介護に直面した家族は、介護による肉体的・精神的な負担が大きい場合、その時の家族の持つ介護力によって、以下のような状況になることがあります。現状逃避型から周囲依存型に落ち着いたり、抱え込み型から周囲依存型にシフトするケースもあります。施設、在宅のどちらの場合であっても、必要に応じて周囲の協力を得ながら家族のできる範囲で介護を担う、これが本人と家族の双方にとって理想です。

(1) 現状逃避型
　障害者の存在、障害の事実を認めずに現実から逃避しようとしてしまいます。介護も施設や周囲に押しつけ、自分達の生活を守ろうとします。

(2) 抱え込み型
　障害者をかわいそうに思い、または世間から遠ざけようとして、家族のなかだけで生活を完結しようとしてしまいます。障害者本人も不自由を感じ、若い障害者の場合、社会参加やリハビリテーションの機会が奪われてしまうことになります。家族も介護負担によって、病気やバーン・アウト（燃え尽き症候群）の危険、また、家族崩壊まで突き進む場合があります。

(3) 周囲依存型
　あらゆる可能なサービスに頼って、自分達のできる協力や介護はあまりしない傾向があります。
　※家族のおかれている状況を理解して家族が孤立しないよう、適切な支援につなげるようにしましょう。

Ⅲ　介護負担の軽減

1　専門相談機関や民間介護相談の活用

　介護する家族の負担を軽減するための社会資源として、公的なものから民間のものまで、相談窓口や介護サービスは多様にあります。それらを家族の状況やニーズに合わせてうまく活用できれば、介護者も自分の自己実現をあきらめずに、精神的に落ち込むことのない介護生活が可能になります。

　精神的負担の軽減には、相談機関で専門家によるカウンセリングが活用できます。行政窓口、福祉事務所、病院、保健所などあらゆる専門相談機関での相談が可能です。また、地域包括支援センター、介護保険施設の介護相談、介護テレフォン相談の活用も可能です。

2　地域の社会資源の活用

　レスパイトケア、ショートステイ、移送サービス、配食サービス等を積極的に活用することも可能です。これによって、介護での孤独感、精神的ストレスは、家族会の集まりや仲間との交流で発散し、意欲回復を図ることが期待できます。また、地域のボランティア団体やNPOをできる限り活用しながら介護することも大切です。

◎家族の介護力　　◎家族関係のアセスメント

◎障害受容のプロセス

（執筆：鈴木眞理子）

		図表３－２　障害高齢者の日常生活自立度（寝たきり度）の判定基準（参考）
生活自立	ランクJ	何らかの障害等を有するが、日常生活はほぼ自立しており独力で外出する １．交通機関等を利用して外出する ２．隣近所へなら外出する
準寝たきり	ランクA	屋内での生活は概ね自立しているが、介助なしには外出しない １．介助により外出し、日中はほとんどベッドから離れて生活する ２．外出の頻度が少なく、日中も寝たり起きたりの生活をしている
寝たきり	ランクB	屋内での生活は何らかの介助を要し、日中もベッド上での生活が主体であるが、座位を保つ １．車いすに移乗し、食事、排泄はベッドから離れて行う ２．介助により車いすに移乗する
寝たきり	ランクC	１日中ベッド上で過ごし、排泄、食事、着替において介助を要する １．自力で寝返りをうつ ２．自力では寝返りもうてない

※判定にあたっては、補装具や自助具等の器具を使用した状態であっても差し支えない。

第8章　障害の理解（15問）

問　題

Q1 「国際障害分類」（ICIDH）では、障害者の取り巻く環境を改善することで、障害者の生活の質の向上を目指している。

Q2 左右対称のマヒを「片マヒ」という。

Q3 関節リウマチは、関節の腫れと痛みが主な症状である。

Q4 慢性腎不全の治療方法には、血液中の老廃物を、ろ過して取り除く「血液透析」（人工透析）がある。

Q5 白内障は、ステロイドの使用や糖尿病、アトピー性皮膚炎が原因疾患となることが最も多い。

Q6 加齢性の難聴では、最初に高い音から聞こえにくくなる。

Q7 文字を書くことができない「失書」は、失語症には含まれない。

Q8 統合失調症の患者から援助行為を拒否されても、行為の内容と意図を伝えて必ず継続したほうがよい。

Q9 躁うつ病とは、気分が高揚する「躁状態」と、気分が落ち込んだ「抑うつ状態」が繰り返し現れ、「気分障害」といわれる。

Q10 神経症の特徴として、ストレス状況を解消することが困難な場合でも、短い治療期間で症状が軽快することが多い。

Q11 アルコール依存症には、世界保健機関（WHO）が定めた診断基準がある。

Q12 成人期に知的機能の低下がみられる認知症は、知的障害に含まれる。

Q13 発達障害とは、近年、自閉スペクトラム症、注意欠如・多動性障害、限局性学習障害など、生来的もしくは乳児期の脳障害にもとづく知的障害以外の精神系の発達障害を指すようになった。

Q14 高次脳機能障害とは、脳卒中などにより、記憶や意欲・行動抑制に関係する部分が損傷されるもので、記憶障害や注意障害、半側空間無視などさまざまな症状がある。

Q15 介護環境は、同居する家族がいても、利用者との人間関係が必ずしも良好であるとは限らず、介護職は、家族との関係も含めて十分にアセスメントすることが大切である。

A1 ×（第1節「1　障害の概念とICF（障害者福祉の基本理念）」）
「国際障害分類」(ICIDH) ではなく、「国際生活機能分類」(ICF) です。

A2 ×（第2節「1　肢体不自由（身体障害）」）
「対マヒ」といいます。

A3 ○（第2節「1　肢体不自由（身体障害）」）
初期には関節のこわばりを感じる程度ですが、進行すると関節の破壊と変形、激しい痛みを生じるようになり、生活にも支障をきたすようになります。

A4 ○（第2節「2　内部障害」）
腎臓は、血液中の老廃物を取り除く、ろ過装置の役割を果たしており、慢性腎不全が進行すると、老廃物を除去するための治療が必要となります。この治療を「血液透析」といいます。

A5 ×（第2節「3　視覚障害・聴覚障害」）
白内障は、加齢による老人性のものがもっとも多く、水晶体の濁りによって見えにくくなりますが、最近では日帰り手術で人工レンズを挿入する治療も有効です。

A6 ○（第2節「3　視覚障害・聴覚障害」）
その後、低い音が聞こえにくくなります。

A7 ×（第2節「4　音声・言語・咀嚼機能障害」）
言語機能には、言葉を話すだけでなく、他者の言葉を理解する、文字を書く、読むなどの側面があり、これらの機能がスムーズに働かない症状を失語症といいます。

A8 ×（第2節「6　統合失調症」）
援助行為を拒否された場合はいったん行為を中断し、行為の具体的な内容と意図を伝えるとともに、患者の意向を尊重することも大切です。

A9 ○（第2節「7　躁うつ病等」）
気分障害の影響は、感情面だけではなく、思考や行動、体調など心身全体に影響するので注意が必要です。

A10 ×（第2節「8　神経症性障害（神経症）」）
長い治療経過が必要な場合も少なくありません。

A11 ○（第2節「9　アルコール依存症」）
「飲酒をしたいという強い欲求や強迫感がある」「飲酒の中止や減量により禁断症状が出る」など6項目のうち、3項目以上に該当すれば、アルコール依存症と診断するとされています。

A12 ×（第2節「10　知的障害」）
認知症のように、成人期に知的機能の低下がみられた場合は、知的障害には含みません。

A13 ○（第2節「11　発達障害」）
発達障害は、元来、医学的には発達の途上に生じた発達の過程の障害の総称でしたが、近年では、発

達障害者支援法に規定されている定義から、設問にあるように変化してきました。

A14 ◯ （第2節「13　高次脳機能障害」）
　脳卒中が原因となる場合が多いですが、原因となる病気や外傷はさまざまあります。

A15 ◯ （第3節「1　家族の心理・かかわり支援」）
　家族がいても、家族のなかで誰が介護の中心を担っているのか、利用者は誰を一番信頼しているのか、親族の協力の程度なども含めて把握しておくことが必要です。

索引

執筆者一覧（50音順）

浅川 康吉 第8章第2節1・2
東京都立大学健康福祉学部理学療法学科教授

伊東 美緒 第7章第1節1、第7章第2節2、第7章第3節1・2、第7章第4節1
群馬大学大学院保健学研究科老年看護学教授

太田 深雪 第8章第2節5・6・7・8・9
公立陶生病院精神科部長

大渕 修一 第6章第2節1
東京都健康長寿医療センター東京都老人総合研究所長

小澤 武司 第8章第2節10・11・12
東戸塚こども発達クリニック院長

坂井 誠 第6章第2節2
平成の森・川島病院名誉院長

鈴木 眞理子 第8章第3節1
社会福祉法人奉優会理事

高岡 徹 第6章第1節2（Ⅰ）老化に伴う心身の機能の変化（Ⅱ）身体的変化
第8章第2節3・4・13
横浜市総合リハビリテーションセンター　センター長

髙木 憲司 第8章第1節1
和洋女子大学生活科学系家政福祉学研究室准教授

高見 悟郎 第8章第2節5・6・7・8・9
杁ヶ池メンタルクリニック院長

永嶋 昌樹 第6章第1節1
日本社会事業大学社会福祉学部准教授

藤本 直規 第7章第2節1
医療法人藤本クリニック理事長

吉田 英世 第6章第1節2（Ⅲ）心理的変化
元東京都健康長寿医療センター研究所研究部長

介護職員初任者研修テキスト　第3分冊
老化・認知症・障害の理解

発行日	平成30年3月初版発行
	令和元年10月第2刷
	令和4年3月第3刷
	令和5年7月第4刷
	令和6年3月改訂版発行
定　価	1,430円（本体価格 1,300円＋税）

発　行	公益財団法人　介護労働安定センター
	〒116-0002　東京都荒川区荒川7-50-9　センターまちや5階
	TEL　03-5901-3090　　　FAX　03-5901-3042
	https://www.kaigo-center.or.jp

ISBN978-4-907035-58-7　C3036　￥1300E

12403